¿LIBERTAD O LIBRE MERCADO?

Del Consenso de Washington a
Vargas Llosa y las fundaciones
neoliberales

José Andrés López

¿LIBERTAD O LIBRE MERCADO?

Del Consenso de Washington a
Vargas Llosa y las fundaciones
neoliberales

CONJURAS

L.D. Books
México ◆ Miami ◆ Buenos Aires

¿Libertad o libre mercado?
© José Andrés López, 2012

 L.D. Books

D. R. © Editorial Lectorum, S. A. de C. V., 2012
Batalla de Casa Blanca Manzana 147 Lote 1621
Col. Leyes de Reforma, 3a. Sección
C. P. 09310, México, D. F.
Tel. 5581 3202
www.lectorum.com.mx
ventas@lectorum.com.mx

L. D. Books, Inc.
Miami, Florida
ldbooks@ldbooks.com

Primera edición: agosto de 2012
ISBN: 978-1502-594-075

Colección **CONJURAS**

D. R. © Portada: Mariel Mambretti

Impreso y encuadernado en México.
Printed and bound in Mexico.

Introducción

Lleva ya muchos años la polémica sobre el grado de identidad que existe entre el liberalismo económico y el liberalismo político. No menor es el tiempo que ocupa el debate iniciado fundamentalmente a partir de las obras marxistas, sobre la relación entre la base económica y la superestructura política. Ya más cercano a nuestros días, quienes defienden a ultranza la libertad de mercado sostienen que la democracia política sólo es posible si el mercado actúa totalmente libre.

La experiencia de Chile bajo la dictadura pinochetista parece desmentir esta postulación, sostenida aún en nuestra región por personas y asociaciones que adhieren a lo que se conoce como Consenso de Washington.

La defensa a ultranza de la ideología según la cual las fuerzas del mercado dirigen la economía con resultados altamente positivos, como si a ésta la guiara una mano providencial e invisible, no es como dijimos sólo patrimonio de individuos aislados. Un grupo de Fundaciones, en un principio nacidas en Estados Unidos (donde son importantes CATO , Heritage, Mont Pelerin y Ford), hoy con filiales en distintos países, han liderado desde hace varias décadas la defensa de estos principios. Poseedoras de fondos cuantiosos para sus actividades, en varias oportunidades se puso bajo la lupa el origen de esos recursos.

La aparición del sistema socialista en Rusia, el *crack* económico del 30, los años difíciles de la Guerra Fría, potenciaron la labor de las Fundaciones. Y esa tarea inicial, que tuvo por escenario principal el ámbito estadounidense y europeo, prontamente se trasladó con vigor a Latinoamérica, creando instituciones que ya gozan de años de labor y que aparecen a diario emitiendo su palabra rectora a través de los medios de comunicación.

La experiencia cubana intensificó el debate y la resonancia se amplió cuando la región, a fines del siglo XX, comenzó a recorrer caminos inéditos de integración y desarrollo independiente. A través de sectores de derecha europeos, en especial de origen español, se sumaron nuevas voces a la batalla de ideas.

Si bien las Fundaciones privilegian entre sus miembros a especialistas en ciencias sociales, no pocos intelectuales de otras ramas se unieron a estas instituciones, a las cuales ayudan con su prestigio para un mayor interés en la opinión pública.

El nombre de Mario Vargas Llosa, figura eminente de la literatura y él mismo presidente de la Fundación Internacional para la Libertad, es un ejemplo de ello. Otrora izquierdista, fue candidato a la presidencia en Perú en 1990 con el partido conservador Frente Democrático (FREDEMO).

Para ubicar en su contexto geográfico e histórico el tema de este libro, deberemos hacer un movimiento de espiral hacia adentro. El paso por la docencia universitaria nos indica que ser redundante puede resultar a veces fastidioso, pero que no explicitar marcos referenciales por considerarlos conocidos es siempre atentatorio contra la comprensión del punto al que se quiere arribar. Pecaremos, en ese aspecto, por exceso más que por omisión.

Haremos así un breve repaso de hechos fundamentales acaecidos a nivel universal, anclaremos en sus efectos a nivel regional y de ese modo podremos centrarnos en el tema como una perspectiva más amplia y con más armas para la cabal comprensión de su génesis y estado actual. También veremos los diversos esfuerzos coordinados a nivel regional para diagnosticar y, en lo posible, remediar las deficiencias de las estructuras económicas comunes de Latinoamérica.

El texto que sigue (ése es su objeto final) muestra, en fin, las distintas voces del debate sobre la democracia y la libertad de mercado. Pero no se agota en ese intento.

Pretende, al mismo tiempo, ser un miembro activo de la polémica.

Capítulo 1
El nacimiento de una época

"La respuesta de la socialdemocracia y los democristianos al problema de la desigualdad económica es la 'redistribución', en nombre del principio de solidaridad social: mediante impuestos y programas sociales, el Estado quita a los que más ganan y da a los que menos tienen. La redistribución no debe ir más allá de lo indispensable para asegurar a todo el cuerpo social aquellos niveles sin los cuales la dignidad humana es afrentada, sin exceder aquel límite que permite mantener vivo el espíritu de la empresa, la voluntad de inversión, la creatividad económica, que son la fuente del progreso y del bienestar, y a los que el intervencionismo estatal estraga y mata."

Mario Vargas Llosa, *Los nuevos retos*.

La Primera Guerra Mundial, que –como sabemos– se extendió desde 1914 hasta 1918, significó un gran impacto para la Humanidad. Los enfrentamientos armados que hasta entonces solían envolver a un grupo de naciones fueron sucedidos por una conflagración de alcance planetario, si al menos no en la participación directa, sí en sus implicancias y efectos.

Los diferendos ya no se resolvían en la mesa de negociaciones, sino que llegaban a los campos de batalla. Los mercados mundiales de materias primas y las esferas comerciales que hasta entonces se repartieran en los elegantes salones de las cancillerías europeas, se disputaban ahora en las trincheras.

Las democracias no vacilaban en cantar himnos a la guerra y en celebrar los triunfos que significaban la destrucción de miles de vidas humanas. Las monarquías veían con espanto, al correr de los días, que podía ser destruido de un golpe el poder que habían heredado y detentado desde hacía siglos. Nadie estaba tranquilo. Ningún país estaba seguro.

El historiador inglés Eric Hobsbawn, en su célebre obra *Historia del siglo XX*, señala que si algunos de los grandes ministros o diplomáticos de periodos históricos anteriores, al estilo de Talleyrand o Bismarck, se hubieran alzado de su tumba, se habrían preguntado por qué los estadistas sensatos no habían decidido poner fin a la guerra mediante algún tipo de compromiso, antes que destruir a las naciones y a gran parte del mundo.

Volviendo a nuestros tiempos, es difícil comprender por qué las potencias europeas llegaron a la conclusión de que la Primera Guerra Mundial era un conflicto en el cual sólo se podían considerar una victoria o una derrota total. Pero la confrontación armada, que se extendió por Europa y el mundo, tuvo más allá de las injustificables pérdidas de vidas humanas, consecuencias económicas, políticas y sociales, difíciles de imaginar en los días iniciales del conflicto bélico.

Petrogrado, noviembre de 1917

Cuando todavía faltaba un año para el fin del conflicto, Vladimir I. Lenin anunciaba el socialismo en Rusia y redactaba los decretos de paz, pan y tierra. Se cumplía así la meta que Lenin había propuesto en su trabajo *La guerra y la socialdemocracia de Rusia*. Según señalaba el líder bolchevique:

"La transformación de la actual guerra imperialista es la única consigna proletaria justa, señalada por la experiencia de la Comuna, indicada por la resolución de Basilea de 1912 y derivada de todas las condiciones de la guerra imperialista entre países burgueses altamente desarrollados".

La primera Revolución Socialista nacía así en el contexto de la guerra y como consecuencia de ella. Pero sería un error creer que toda guerra por sí misma genera un proceso revolucionario. Algunos historiadores consideran que con la denominada Revolución de Octubre, respetando el calendario juliano, es cuando comienza verdaderamente el siglo XX, y surgen necesariamente comparaciones con la otra gran Revolución, la Francesa del siglo XVIII. Es generalizada la idea de que en los albores del siglo XX, comenzaba en la ciudad de los zares una nueva etapa en la historia de la humanidad.

Desde esas jornadas, que John Reed inmortalizó en su libro *Los diez días que conmovieron al mundo* y Sergio Eisenstein plasmó en su film *Octubre*, se inició una medular polémica que, con diversas variantes, altibajos, idas y vueltas, subsiste hasta hoy: el papel que juegan el Estado y el mercado en la economía.

Para ambos sistemas comenzó también un desafío que mantuvieron durante varias décadas, mientras estuvo vigente el denominado *socialismo real*. Con posterioridad, la caída del muro de Berlín, la desaparición de la Unión Soviética y del campo socialista europeo pueden brindar la imagen de un triunfo a los teóricos del mercado.

En la actualidad, frente a la realidad de la crisis de los países capitalistas desarrollados y el empuje de los denominados *estados emergentes*, ese supuesto triunfo es puesto en entredicho, y se renuevan el desafío y la polémica.

Dictadura del proletariado y economía planificada

Apenas Lenin pronunció su proclama en el Palacio Smolny, los líderes del Partido Bolchevique se enfrentaron al desafío de trasladar al terreno de las realizaciones concretas las profecías económicas de Carlos Marx.

De manera paralela al derrocamiento y destrucción del aparato estatal vigente, que respondía a la estructura económica capitalista, comenzó a tomar cuerpo la posibilidad práctica de construir un nuevo Estado y la denominada *dictadura del proletariado*.

La nacionalización de la gran industria, de los ferrocarriles, de los bancos y de la tierra, el monopolio del comercio exterior y otras medidas tendientes a fortalecer el papel del Estado en la economía, expresaban el nuevo tiempo que se vivía en Rusia, con el poder de los soviets de obreros, campesinos y soldados.

Los partidarios del libre mercado o, en su defecto, de una mínima participación económica del Estado en los asuntos económicos, no se quedaron de brazos cruzados. Y de la lucha en el terreno de las ideas se llegó, incluso, a la agresión armada.

La denominada Guerra Civil se extendió hasta 1920 y encontró luchando en el mismo bando a ex oficiales del ejército zarista con soldados de potencias como Francia, Inglaterra, Estados Unidos,

Japón, Serbia, Grecia, Rumania y otras naciones occidentales, en lo que se conoce como la "intervención aliada en Rusia".

En los peores momentos para el naciente poder soviético, el territorio controlado quedó reducido a una estrecha franja del norte y del centro del país. Frente al peligro, en 1918, la capital se trasladó de Petrogrado a Moscú.

El triunfo final fue de los bolcheviques, pero la estructura económico-social, como es lógico de imaginar, sufrió las consecuencias de esa guerra.

Durante el conflicto, se desarrolló en Rusia un esquema de emergencia que se denominó *comunismo de guerra*. En el periodo siguiente, la conducción política del país, liderada por Lenin, puso en marcha una política económica conocida por la sigla NEP (Nueva Política Económica), que desató fuertes controversias incluso entre las propias fuerzas revolucionarias.

En ese periodo se elaboraron teóricamente los principios del Capitalismo de Estado, reforzando la planificación económica estatal frente a lo que se consideraba, con los parámetros ideológicos de la época, la anarquía pequeño burguesa.

El respiro para Rusia fue importante, pero no duró mucho tiempo. El 22 de junio de 1941, los nazis ponían en marcha la Operación Barbarroja e invadían la Unión Soviética.

La ilusión del progreso indefinido

La historia ha demostrado que el funcionamiento de la economía capitalista es también la historia de fluctuaciones, de ascensos y descensos de distinta duración, en la que enormes capas de la población sufren deterioros en su calidad de vida. Son los denominados *ciclos de expansión y depresión*, que han caracterizado los últimos siglos de la Humanidad. Por supuesto que estos ciclos no han sido idénticos en distintos periodos, pero sí se han repetido con características al menos similares una y otra vez.

A mediados del siglo XIX, comenzó una fase de crecimiento económico mundial, que hizo que apologistas del régimen capitalista y el libre mercado presagiaran una era de progreso indefinido. Existía la convicción de que las dificultades cíclicas sólo eran episodios menores, que no trastocaban el rumbo fundamental del crecimiento. Había, sin duda, bases ciertas para esas teoría. Los progresos técnicos que consolidaban día a día los logros de la Revolución Industrial, la ampliación del comercio internacional, desarrollada en el contexto de un mercado único mundial, constituyeron el marco en el cual crecían distintas teorías sobre un desarrollo y crecimiento económico continuos. Se reconocía que ese crecimiento era desigual, pero se visualizaba esta dificultad, como un dato de significación menor.

A fines del siglo XIX, en las publicaciones económicas de distintos países comenzó a utilizarse el término *imperialismo*, para caracterizar una etapa particular del desarrollo del capitalismo. Uno de los más importantes análisis sobre el imperialismo lo hizo John Atkinson Hobson, economista británico, en su obra titulada precisamente *The Imperialism*, editada en 1902.

Hobson, miembro del Partido Liberal, tenía un profundo conocimiento del capitalismo inglés y su expansión a las colonias, y una experiencia enriquecida con su trabajo como corresponsal en África del añoso *Manchester Guardian*, periódico fundado en 1821. En tanto en Viena, en 1910, el marxista austriaco Rudolf Hilferding publicaba su obra *El capital financiero*.

Los estudios se multiplicaron en distintos países europeos. Comenzaron a expandirse conceptos nuevos en la teoría económica. Vocablos como *monopolios, carteles* o *capital financiero* se convertían en el eje de las investigaciones. Mientras se registraba un fenomenal incremento de la industria, se verificaba un paralelo proceso de concentración de la producción en empresas cada vez más grandes.

Los escritos de distintos autores generaban una gran polémica, en especial acerca de la perduración de la libre competencia o su eliminación definitiva. Se discutía si la aparición de los monopolios engendraba contradicciones y conflictos en el seno del capitalismo.

La nueva etapa, según algunos teóricos, mostraba que la competencia en el mercado no desaparecía, sino que adquiría un carácter muy agudo y de formas desconocidas hasta entonces: los monopolios eliminaban a todos aquellos que no se sometían a sus leyes. Para esa concepción, la anarquía en la economía, lejos de cesar, se acrecentaba.

Por el contrario, autores como el mencionado Hilferding (el de *Das Finanzkapital*) aseguraban que el desarrollo de los monopolios mejoraba la organización del capitalismo y suavizaba sus contradicciones. El mismo economista y político señalaba que el capital financiero merecía un especial estudio de su parte, y que era el elemento más característico del imperialismo. Sin desmerecer la importancia de este rasgo, otros autores insistían en que no era el único.

Uno de los conceptos que se convirtieron en eje del debate es aquel que sostiene que el monopolio no debe considerarse como un fenómeno meramente económico, sino como uno que domina la política y la vida pública de los países en los cuales se desenvuelve.

Posiblemente el trabajo más conocido en Latinoamérica sea *El imperialismo, fase superior del capitalismo,* escrito por Lenin en 1917 y que éste actualizó tres años después.

En una minuciosa descripción de varios países, con cifras y ejemplos, Lenin sostiene que en la fase imperialista, el capitalismo reemplaza la libre competencia por el monopolio y destruye así el basamento liberal, sobre el cual se sostiene la ortodoxia del libre mercado.

Según sostiene Lenin en su prólogo del año 1920:

"La propiedad privada fundada en el trabajo del pequeño patrono, la libre competencia, la democracia, todas esas consignas por medio de las cuales los capitalistas y su prensa engañan a los obreros y campesinos, pertenecen a un pasado lejano. El capitalismo se ha transformado en un sistema universal de sojuzgamiento colonial y de estrangulación financiera de la inmensa mayoría de la población del planeta, por un puñado de países 'adelantados'. El reparto de este botín se efectúa entre dos o tres potencias rapaces y armadas hasta los dientes, que dominan el mundo (Norteamérica, Inglaterra, Japón) y arrastran a su guerra, por el reparto de su botín, a todo el planeta".

Escrito hace casi cien años, este párrafo merece una lectura atenta en la actualidad. A fines del siglo XIX y principios del XX, cuando el capitalismo se consolidaba como la única formación económicosocial en el ámbito mundial, jugaron un papel destacado para la consolidación del sistema la formación y ampliación del colonialismo.

Entre otras causas, la Primera Guerra Mundial reconoce como una de ellas la disputa por un nuevo reparto del sistema colonial, que es como decir nueva asignación territorial para el negocio de las grandes empresas monopolistas.

El colonialismo, un factor determinante

Si bien puede considerarse que el sistema colonial comenzó a fines del siglo XV con los grandes descubrimientos geográficos, en particular el descubrimiento de América y la ruta a los países asiáticos, es a partir del siglo XVII cuando la dominación colonial se convierte en un vínculo esencial para la consolidación del capitalismo.

Los primeros trabajos sobre esa relación pueden rastrearse en el propio *Manifiesto comunista*, editado en 1848. Marx y Engels consideran que el conjunto de las colonias se convirtió en la principal palanca para la llamada *acumulación primitiva del capital*.

Las colonias no sólo cumplían el rol de proveedores de materias primas, sino que paralelamente se iban convirtiendo en importantes consumidores de productos elaborados y, en consecuencia aumentaba el papel determinante del comercio exterior de las metrópolis con sus territorios allende los mares.

Instaladas ya como piezas esenciales del mercado mundial, las colonias son, entonces, eslabones imprescindibles de la economía capitalista.

Sin la conquista colonial sería imposible imaginarse, por ejemplo, el fenomenal desarrollo de países como Holanda y Bélgica. Por cierto no les iba en zaga Inglaterra, que detentaba el papel de potencia marítima más poderosa, hecho que le otorgó a su vez la supremacía en la expansión colonial y, como consecuencia de ello, innumerables ventajas en la producción industrial y en el comercio mundial.

Cuando el visitante de la Catedral de San Pablo, en Londres, recorre la cripta donde están, entre otras, las tumbas del Almirante Nelson y Lawrence de Arabia, puede toparse con nombres no tan famosos, pero que tienen el reconocimiento de haber sido los artífices de la consolidación del imperio colonial inglés. Prácticamente no existen las fronteras ni los límites territoriales. En esa recopilación de héroes del moderno *Mare Nostrum*, tanto puede hallarse un combatiente de Asia como otro de África, Oceanía o América. En la Catedral de San Pablo está también la lápida de homenaje a los muertos en la Guerra de las Malvinas, en abril-junio de 1982. Conviene, a propósito, recordar que el comité de descolonización de Naciones Unidas insiste en que el tema Malvinas debe ser abordado como un caso colonial, y que el Reino Unido y Argentina deben encontrarse y discutir sobre el tema de la soberanía.

Volvamos al eventual paseante en Londres. Allí, en la misma cripta en que los británicos rinden homenaje a los muertos en el Atlántico Sur, reposan los restos de quienes participaron en la guerra angloafgana, acaecida entre 1838 y 1842, que comenzó con el pretexto de defender a los afganos de la amenaza persa.

En estos tiempos, en los que Medio Oriente se ha convertido en la zona de mayor conflictividad mundial, resulta interesante transcribir un artículo publicado por el *New York Daily Tribune* el 7 de enero de 1857. Se titula "La guerra anglo-persa" y lleva la firma de Carlos Marx:

"La declaración de guerra a Persia por Inglaterra, o más bien por la Compañía de la India Oriental, es la reproducción de esas tretas astutas y temerarias de la diplomacia anglo-asiática, en virtud de las cuales Inglaterra ha extendido sus posesiones en ese continente. Tan pronto como la Compañía pone su mirada codiciosa en cualquiera de los monarcas independientes, o en cualquier región cuyos recursos políticos y comerciales o cuyo oro o piedras preciosas sean apreciables, se acusa a la víctima de haber violado tal o cual convención real o ideal, de haber transgredido una promesa o restricción imaginaria, de haber cometido una nebulosa ofensa, y entonces se le declara la guerra y la eterna injusticia; la fuerza eterna de la fábula del lobo y el cordero se encarna nuevamente en la historia nacional".

De la euforia al *crack* del 30

Eric Hobsbawn, en su ya mencionada *Historia del siglo XX*, propone un ejercicio de simulacro histórico. Dice el historiador inglés:

"Imaginemos que la Primera Guerra Mundial sólo hubiera supuesto una perturbación temporal, aunque catastrófica, de una civilización y una economía estables. En tal caso, una vez retirados los escombros de la guerra, la economía habría recuperado la normalidad...".

Pero por cierto, al tiempo de haber sido acallados los cañones pronto comenzaron a llegar malas noticias. La prosperidad comenzó a derrumbarse y como reflejo de ello, se iniciaron convulsiones sociales, en especial en los sectores obreros, que se extendieron desde Alemania hasta el límite con Rusia. La exigencia perentoria era mayores salarios y menos horas de trabajo. Y el ejemplo que llegaba desde Moscú daba ánimos. La lucha no era solamente en el plano económico. Los sectores populares exigían también mayor poder político.

A principios de 1919, en Alemania se produjo el levantamiento de la Liga Espartaquista, liderada por Rosa Luxemburgo y Karl Liebnecht, insurrección que fue salvajemente reprimida y sus líderes asesinados.

La llamarada roja se extendía. Se sucedían intentos socialistas en Baviera y Munich. De marzo a julio de 1919, tuvo vida una efímera república soviética en Hungría. Precisamente este 1919 fue el año de mayor agitación en Europa occidental y aunque los intentos revolucionarios fracasaron, dejaron una experiencia de lucha muy valiosa para el futuro.

En un movimiento de ondas incoercibles, los reflejos de la Revolución Rusa traspasaron las fronteras europeas y llegaron hasta China, donde en el periodo de 1920 a 1927, y bajo el liderazgo de Sun Yat Sen, comenzó a estructurarse un Estado bajo el modelo soviético, hasta que se produjo la traición del general Chiang Kai-Shek, que aplastó al movimiento revolucionario. Después del ascenso de las luchas, vino el reflujo y el desánimo en los sectores populares.

En Alemania, una desvalorización millonaria transformó a la moneda en un símbolo sin valor real. Desapareció el ahorro interno y el país se convirtió en un rehén de los créditos externos. El clima de desazón entre la clase obrera y los sectores medios se profundizó. Sin que sus protagonistas lo supiesen, se preparaba el escenario para la irrupción del fascismo en toda Europa central.

Pero no fue en el continente europeo, principal escenario de la guerra, donde se produjo la catástrofe que hizo temblar el mundo económico de posguerra. Nada hacía presagiar que era Estados Unidos el que se encaminaba hacia el desastre.

En su tradicional mensaje a la Nación, el Presidente Calvin Coolidge, en diciembre de 1928, señalaba con satisfacción:

"El aumento de la producción ha permitido atender una demanda creciente en el interior y un comercio más activo en el exterior. El país puede contemplar el presente con satisfacción, y mirar el futuro con optimismo".

Sin embargo, faltaba menos de un año para la catástrofe. El 29 de octubre de 1929 se producía el *crack* de la Bolsa de Nueva York. La propia Internacional Comunista, que había vaticinado una oleada revolucionaria en plena bonanza económica, no pudo imaginarse la profundidad y extensión de la crisis que se abatió en la mayor economía mundial. La dramática recesión en Estados Unidos no tardó en afectar a los centros industriales de Europa. Las más grandes empresas veían caer sus ventas en más de un 60%. Ése fue el ejemplo de Westinghouse, un gigante del sector eléctrico que veía peligrar su actividad.

Pero el impacto no fue sólo en las ramas industriales. La caída se produjo también en productos primarios, lo que supuso crisis en numerosos países, entre ellos, Argentina, Brasil, Bolivia, Cuba, Chile, Ecuador, México, Paraguay, Perú, Venezuela, por citar sólo a los latinoamericanos.

En muchos trabajos económicos de la época se cita el caso de Brasil, en donde los cultivadores de café, ante la caída imparable de los precios, preferían quemarlo en el vientre de las locomotoras ferroviarias reemplazando al carbón. Un espejo colateral del despilfarro del capitalismo y la magnitud de la crisis.

Todos los indicadores económicos se deterioraban. Lo único que no bajaba (todo lo contrario) era el desempleo. La depresión se convirtió en una hecatombe generalizada. Los archivos fotográficos y fílmicos muestran a miles de personas haciendo fila para recibir un plato de comida en comedores de beneficencia. Y aunque triste, ésa era la imagen dominante y real de la época.

Los análisis políticos en Alemania constataban con preocupación que los registros de afiliados, tanto en las agrupaciones comunistas como en el partido nazi, se nutrían fundamentalmente de desocupados.

Ese fenómeno puede inducirnos a pensar que las masas desocupadas y empobrecidas buscaban una salida a la crisis económica sin hacer distingos de banderías o ubicación a izquierda o derecha del espectro político. Los lineamientos económicos liberales tradicionales no brindaban soluciones. Los responsables de las decisiones económicas habían perdido el rumbo.

Los defensores del liberalismo a ultranza, de la libertad de mercado sin límites, frente a las complicaciones del comercio mundial que había descendido en el periodo 1929-1932 en más del 60%, tuvieron que levantar barreras para proteger sus mercados y la producción nacional. Debieron resignar lo sostenido en sus manuales, que hasta entonces blandían como la única llave para la prosperidad mundial.

Quizás el ejemplo más impactante fue la decisión de Gran Bretaña de abandonar el libre comercio en 1931. Esa medida, tomada en Londres, ilustra claramente el desarrollo del proteccionismo, impulsado desde los grandes centros económicos.

Los países más poderosos tuvieron que comenzar a mirar dentro de sus fronteras y tener en cuenta las demandas de la población, que buscaba respuestas, como dijimos, tanto en el ideario comunista como en el nazi. La situación social se complicaba. La movilización de las masas de trabajadores tenía como consigna central el pleno empleo. Pero no sólo acuciaba por entonces la presión de los desempleados. La competencia con la experiencia socialista de la Unión Soviética era también preocupante. Mientras caía la producción en los países capitalistas, los soviéticos la triplicaban, al compás de la planificación estructurada en los planes quinquenales.

Así, de manera imprevista, volvía al primer plano la nada superada polémica sobre el libre mercado y la participación del Estado en el desarrollo de la economía.

El capitalismo regulado

Acuciados por los problemas políticos y sociales, derivados de las turbulencias económicas, los políticos europeos y, por extensión, los estadounidenses, comenzaron a preguntarse cuál era el secreto de los soviéticos, que parecían estar exentos de las crisis.

Al margen del foso que separó la fundamentación política en cada uno de los Estados, muchos se preguntaron si era posible extraer alguna enseñanza de la experiencia que había nacido en 1917.

Cuando el rumbo económico comenzaba a desmadrarse y se profundizaban las protestas sociales, la palabra *planificación* empezó a integrar el vocabulario de todos los políticos. Y en ello hicieron punta los partidos socialdemócratas de Bélgica y Noruega.

En Inglaterra se alzaron voces profanas señalando, en la catedral del liberalismo, que para evitar el círculo vicioso de las crisis cíclicas era necesaria una sociedad planificada. Hasta entonces había plena coincidencia en esos mismos círculos de que la mejor política económica era la no intervención del Estado en la economía, asegurando la libertad total para los proyectos empresarios y el esfuerzo individual.

Los teóricos del sistema aseguraban que el mecanismo de competencia era capaz de suprimir todas las dificultades, en especial la desocupación y las crisis de superproducción, profundizadas por la caída del mercado interno. En el marco de la Gran Depresión del 30, muchos economistas clásicos ponían en duda si, en realidad, la economía del capitalismo tenía la suficiente energía interna para superar por sí misma las dificultades.

Así se fue desarrollando una concepción teórica novedosa y en cierta medida revolucionaria para los cánones del capitalismo, reconociendo que el Estado puede jugar un papel positivo en la regulación de la producción y, aspecto fundamental, en lograr el objetivo que desvelaba a los políticos: la ocupación plena.

Pero la opinión no era unánime. Hubo quienes se aferraban a la fórmula de dejar que la economía siguiera su curso, aplicar reglas ortodoxas en la política financiera, reducir gastos y equilibrar el presupuesto.

Frente a estas posturas intransigentes, comenzaron a destacarse voces que veían este curso de acción como un suicidio colectivo y la persistencia en recetas del pasado como un chaleco de hierro que no haría sino empeorar las cosas.

En el contexto de este debate comienza a aparecer con mucha fuerza el nombre del economista inglés John Maynard Keynes, que ocupa, hasta nuestros días, un gran espacio en el escenario teórico económico mundial.

El nombre de John Maynard Keynes comenzó a ser conocido ya en el periodo de posguerra, cuando integró, si bien en segunda línea, la delegación de su país a la Conferencia de Versalles, donde se discutieron las sanciones económicas a Alemania.

Keynes no compartía la idea de ahogar económicamente a Alemania, pues señalaba que si ese país no se reconstruía rápidamente, no era posible restaurar la economía liberal en Europa.

Esas formulaciones dieron vida en 1919 a uno de sus trabajos más famosos: *The Economic Consequences of the Peace* (*Las consecuencias económicas de la paz*). Los vencedores de la guerra, y en especial Francia, querían una Alemania perpetuamente débil, como garantía de su seguridad. Keynes, por su parte, insistía en que esa política sería contraproducente.

También era materia de discusión cómo debían pagarse las reparaciones de guerra. Los que querían una Alemania débil exigían el pago en efectivo. Otros, en cambio, aceptaban el pago con parte de la producción y del ingreso de las exportaciones. Pero todo el esquema de sanciones económicas a Alemania se derrumbó en el periodo de la gran depresión, y las teorías de Keynes se proyectaron con más fuerza.

Llamaban la atención, sobre todo, sus formulaciones para evitar el paro masivo. Para ello debió admitir que la desocupación y las crisis económicas no eran fenómenos fortuitos.

La polémica con Keynes no provenía solamente del sector marxista, que lo veía como un economista que tenía "la inquebrantable decisión de defender el capitalismo", sino que su obra mereció también críticas severas de parte de los teóricos capitalistas, partidarios de la libre iniciativa.

Keynes puede ser releído hoy, en el marco de la crisis financiera internacional desatada en 2008 y que castiga con diversos grados de severidad a distintos países.

El premio Nobel de Economía de 2001, Joseph Stiglitz, catedrático de la Universidad de Columbia, señala la importancia que cobra Keynes, al haber señalado éste una falla que tienen los mercados, por lo cual no pueden ser dejados en absoluta libertad.

A Keynes, según subraya Stiglitz en su libro de 2002 *Globalization and Its Discontents* (*El malestar en la globalización*), le inquietaba que los mercados pudieran generar un paro persistente. El teórico inglés fue más allá y señaló que para reparar esa falla era necesaria una acción colectiva global, porque las acciones individuales de un país necesariamente afectan a otros.

Otra falla detectada por Keynes, según el premio Nobel, era la perspectiva de que en una severa recesión la política monetaria no fuera efectiva y los países no pudiesen endeudarse para financiar el despegue económico. En ese contexto, Keynes, a quien Stiglitz lo ubica como el padrino intelectual del Fondo Monetario Internacional (FMI), no se limitó a señalar las fallas de los mercados, sino que paralelamente subrayó que una institución como el FMI podía aportar liquidez a aquellos países que tuviesen dificultades para financiar un incremento del gasto público.

Hoy puede comprobarse que los "fundamentalistas del mercado", como los denomina Stiglitz, dominan el FMI, cuyos funcionarios creen que, en general, el mercado funciona bien y el Estado funciona mal, breve compendio del pensamiento neoliberal del siglo XXI.

América Latina y el mundo colonial

Si bien la mayoría de sus países conquistaron la independencia política de los imperios español y portugués en la primera mitad del siglo XVII, América Latina vivió las zozobras propias de una región, tironeada en disputas por esferas de influencia provenientes de Estados Unidos y Europa, esta última en general liderada por Inglaterra.

Los libertadores, en especial Simón Bolívar, constataron amargamente que la unión de América Latina era prácticamente una utopía. Un ejemplo es el Virreinato del Río de la Plata, donde se desató, entre los distintos integrantes, una puja por la independencia estatal, legítima en todos los casos, pero que dinamitaron posibles alianzas a futuro.

El 15 de septiembre de 1815, Simón Bolívar había delineado las bases de la Unión Americana en la histórica *Carta de Jamaica*, quizás su documento político de mayor profundidad. Decía el Libertador:

"Es una idea grandiosa pretender formar de todo el mundo nuevo una sola nación, con un solo vínculo que ligue sus partes entre sí y con el todo. Ya que tiene un origen, una lengua, unas costumbres y una religión, debería por consiguiente tener un solo gobierno que confederase los diferentes Estados que habrían de formarse, mas no es posible porque los climas remotos, situaciones diversas, intereses opuestos, dividen a la América. ¡Qué bello sería que el Istmo de Panamá fuese para nosotros lo que el de Corintio para los griegos! Ojalá que algún día tengamos la fortuna de instalar allí un augusto congreso de los altos intereses de la paz y de la guerra, con las naciones de las otras tres partes del mundo".

Esta carta es la primera manifestación formal de Bolívar sobre la unidad continental, semilla que se convirtió en la médula esencial del Panamericanismo y llegó a asomar la posibilidad de concentrar en el Istmo de Panamá un llamado Congreso Anfictiónico.

Pero el Libertador era conocedor de la idiosincracia de los pueblos americanos y conocía las dificultades. Admirador de las instituciones griegas, a las que se refiere en numerosos documentos, como la citada *Carta de Jamaica*, habló siempre de repeler la amenaza extranjera a través de un cuerpo colectivo. A semejanza de la institución de la histórica griega, que atenuaba los disensos entre los diversos pueblos helénicos, denominó a esa institución Congreso Anfictiónico. Etimológicamente, *anfictionía* significa "construcción conjunta", y ése es precisamente el espíritu que se quería rescatar.

De hecho, en 1826, Simón Bolívar convocó al Congreso Anfictiónico, que se llevó a cabo en el antiguo Convento de San Francisco, en la ciudad de Panamá, que terminó en un rotundo fracaso. No fue sorpresa, ya que el propio Bolívar, tiempo antes de la inauguración de las sesiones, reconocía que tenía la sensación de haber arado en el mar. A ese Congreso asistieron Nueva Granada, Venezuela, Ecuador, Guatemala, México, Perú y las Provincias Unidas de Centro América. Pero Chile y Argentina no manifestaron interés alguno en concurrir. Bolivia sí, pero no llegó a tiempo para participar en las deliberaciones. Y como dato curioso, a ese Congreso de naciones latinoamericanas, Gran Bretaña envió un observador.

El desánimo fue grande, pero el fracaso no impidió que hubiese otros, también malogrados, intentos de unificación latinoamericana.

Muchos autores señalan, con datos certeros, que a finales del siglo XIX, numerosos países, con una raíz común iberoamericana, establecían vínculos más estrechos y profundos con Europa que con las repúblicas hermanas.

Tanto Gran Bretaña como Estados Unidos tuvieron siempre un especial interés por prolongar sus influencias en la región que comenzaba a recorrer un camino independiente. Hasta después de la Primera Guerra Mundial, Gran Bretaña, dueña de los mares, ostentaba el primer lugar entre las potencias capitalistas. El omnipresente Reino Unido se convirtió en el principal cliente de los productos latinoamericanos, en especial de materias primas; era el proveedor fundamental de mercancías manufacturadas y el financista esencial para todos los proyectos de infraestructura.

Ferrocarriles y puertos, indispensables para la movilización de la producción latinoamericana en expansión, era objetivos para la inversión de sus grupos económicos y financieros. La relación de Gran Bretaña con la región tenía una larga historia, que comenzó incluso en el periodo colonial, en el cual Londres pujaba por romper con el monopolio de España en los países dependientes de ésta.

El latinoamericanista francés Alain Rouquie señala un dato interesante. Gran Bretaña mostraba poco disposición diplomática y política en la región. Sólo el necesario para asegurar sus intereses, en especial el libre comercio. La descripción que hace el politólogo francés tiene validez en cuanto a que los ingleses, fortalecían su dominio en la región conservando las formas; lo que hoy denominaríamos un accionar "políticamente correcto".

Uno de lo caminos más utilizados a lo largo de años era la incorporación de políticos influyentes de cada país en el seno de la administración y conducción de las empresas inglesas. Así, por ejemplo, abogados de los ferrocarriles ingleses en la Argentina llegaron a ocupar cargos de relevancia en el gobierno nacional, e incluso participaron de misiones comerciales en las cuales se discutían convenios bilaterales. En realidad, no se sabía a ciencia cierta a quiénes representaban cuando debían zanjarse intereses encontrados.

Ya entrado el siglo XX, un caso relevante de lo expuesto es el del doctor Roberto Ortiz, quien estaba vinculado a los intereses británicos en la Argentina, en particular a los ferrocarriles. Al ser proclamado candidato oficialista a la Presidencia de la Nación, en 1937, Ortiz fue agasajado con una cena por la Cámara de Comercio Británica. Llegó a ser Presidente de la Nación en el periodo 1938-1940 y debió renunciar por razones de salud. La actitud de Estados Unidos en América Latina tuvo, en cambio, características distintas a las británicas. Aun antes de convertirse en una potencia industrial, los Estados Unidos comenzaron a diseñar una estrategia geopolítica que comprendía a los territorios situados al sur de sus fronteras.

América para los norteamericanos

Los orígenes de la concepción estadounidense pueden rastrearse en la Doctrina Monroe. James Monroe (1758-1831), quinto presidente de los Estados Unidos, que ejerció su mandato de 1817 a 1825, hizo conocer los principios de esa doctrina el 2 de diciembre de 1823. El lema era preciso y contundente: "América para los americanos". El principio se revestía de un aparente afán libertario respecto de las metrópolis europeas, pero su finalidad era otra. El cuadro de situación mostraba a países americanos ricos, jóvenes, débiles, carentes de desarrollo industrial y con rémoras feudales, heredadas del colonialismo europeo. Estados Unidos observaba este panorama y no quería competidores a la vista, ya que algunos países europeos tenían planes concretos para abortar la incipiente independencia latinoamericana.

Y de a poco, la Casa Blanca avanzó en su estrategia.

En diciembre de 1845, al cumplirse veinte años de la Doctrina Monroe, en su mensaje al Congreso, el undécimo Presidente de los Estados unidos, James Knox Polk (1795-1849), expresó:

"... de modo que todo el mundo debe saber claramente cuál es la política que nos hemos fijado, a saber: impedir que pueda ser instituida y formada en cualquier parte del continente americano, sin nuestro consenso, una colonia cualquiera o una dependencia europea cualquiera".

Estados Unidos se proclamaba así tutor de América Latina. Los sueños de San Martín y Bolívar tenían un enemigo declarado y poderoso, y no allende el Atlántico. Cinco meses después de ese discurso, el mismo Polk impartió la orden para que tropas estadounidenses invadieran México. En 1848, a través de Tratado de Guadalupe Hidalgo, este último país cedió casi la mitad de su territorio, y Washington añadió más de 2.5 millones de kilómetros cuadrados a su dominio soberano. Para tener una idea de lo que significó esa anexión, se trata de un territorio semejante al que podrían ocupar conjuntamente Inglaterra, Irlanda, Escocia, Francia, España, Portugal, Italia, Alemania y Polonia.

Otra etapa en esa estrategia fue la Guerra Hispano-Estadounidense que se desató entre España y Estados Unidos en 1898, siendo jefe de la Casa Blanca William Mc Kinley (1843-1901).

Los principales resultados de esa contienda fueron la independencia tutelada de Cuba y la pérdida, por parte de España, del resto de sus colonias en América y Asia (Puerto Rico, Filipinas, Guam), cedidas a Estados Unidos. Washington, a partir de entonces, accedía al estatus de potencia colonial.

Ocho décadas después de que se conociese la Doctrina Monroe, se anunció en 1904, el denominado Corolario Roosevelt, una "enmienda" a esa doctrina explicitada por el presidente Theodore Roosevelt (1858-1919), que otorgaba el poder de policía para intervenir en cualquier país americano donde, a juicio de las autoridades de la Casa Blanca, estuvieran en peligro los intereses de Estados Unidos. Los términos eran cada vez más claros:

"Si una nación demuestra que sabe actuar con una eficacia razonable y con el sentido de las conveniencias en materia social y política, si mantiene el orden y respeta sus obligaciones, no tiene por qué temer una intervención de los Estados Unidos. La injusticia crónica o la importancia que resultan de un relajamiento general de las reglas de una sociedad civilizada pueden exigir, en consecuencia, en América o fuera de ella, la intervención de una nación civilizada…".

Nadie se permitiría dudas sobre cuál era esa "nación civilizada" que se arrogaba el derecho de intervenir. Pero por si alguien la tuviera, el planteo proseguía:

"... y, en el hemisferio occidental, la adhesión de los Estados Unidos a la Doctrina Monroe [basada en la frase "América para los americanos"] puede obligar a los Estados Unidos, aunque en contra de sus deseos, en casos flagrantes de injusticia o de impotencia, a ejercer un poder de policía internacional".

Aun "obrando en contra de sus deseos", se iniciaba así toda una estrategia. Las empresas comerciales del norte miraban hacia los países del sur en tono de conquista. Las principales víctimas de la "política del Gran Garrote" de Roosevelt (la que no impidió que le concedieran el Premio Nobel de la Paz) fueron las repúblicas de América Central y el Caribe, un área donde Washington desarrolló incluso una experiencia colonial, en la Zona del Canal de Panamá, experiencia que persistió casi hasta finales del siglo XX. La situación colonial de Puerto Rico, en cambio, se mantiene en la actualidad.

Cuando hubo que defender las empresas estadounidenses, no se vaciló en enviar tropas. Los famosos *Marines* hicieron historia en América Latina. Distintos países fueron invadidos: Nicaragua, Haití, República Dominicana.

Esta última permaneció bajo ocupación de 1916 a 1924. La misma suerte corrió Nicaragua de 1912 a 1925 y de 1926 a 1933. En Haití, utilizando el término *protección*, se desplegaron tropas ininterrumpidamente desde 1915 hasta 1934.

Honduras puede presentarse como un caso paradigmático. Con distintos pretextos, pero siempre vinculados a negocios bananeros y en particular ligados con la inefable United Fruit Co., Honduras fue invadida en 1903, 1907, 1911, 1919, 1924 y 1934.

El reciente derrocamiento del presidente Manuel Zelaya, en junio de 2009, llevado en ropa interior a una base militar estadounidense, no debió (y no lo hizo) tomarnos por sorpresa.

Pero volviendo hacia atrás, hubo que esperar hasta la década del 30, con la llegada a la Presidencia de Franklin D. Roosevelt, para que las relaciones entre la Casa Blanca y Latinoamérica tomaran un nuevo cariz.

Este Roosevelt (1882-1945), primo lejano del anterior, proclamó la "Política de buena vecindad", en lo que parecía ser el abandono táctico de las intervenciones directas. La nueva realidad hacía necesario neutralizar las corrientes de repudio antiestadounidense, pues era imprescindible contar con la mayor cantidad de aliados en caso de que se profundizara, como finalmente ocurrió, el clima conflictivo en el ámbito internacional.

La resistencia popular

La consolidación del modelo capitalista reconoció distintos grados de dependencia de los centros de decisión, ya sea de Washington o Londres, y el nuevo modelo se desplegó en toda América Latina. Pero no fue un tránsito llano y sin sobresaltos. Surgió o persistió la lucha de distintos sectores que, con contradicciones y altibajos, con distintos grados de organización y diversas orientaciones ideológicas, se enfrentaron con suerte diversa al intento de una segunda colonización.

Esos heterogéneos grupos no lucharon sólo contra el poder imperial, resistían también al régimen de explotación que conllevaba la libertad de empresa absoluta.

Los primeros atisbos de resistencia comenzaron ya en el siglo XIX, al influjo de organizaciones gremiales orientadas por inmigrantes europeos.

El acuerdo del Congreso Internacional Obrero de París de 1889 llegó a una clase obrera latinoamericana que se formaba en centros fabriles, mineros, manufactureros, de transporte, de servicios, y también en el ámbito de los sectores agrícolas, quienes, junto al reclamo de mejores condiciones de trabajo, exigían el acceso a la tierra.

Las ideologías dominantes en esos años fundacionales fueron el anarquismo y el socialismo, a las que algunos autores agregan los ideales mutualistas propagados por instituciones de ese tipo. Todas estas corrientes fueron desarrolladas desde mediados del siglo XIX y asociadas a la llegada de una gran oleada inmigratoria de origen europeo.

En Argentina de 1890, por ejemplo, en consonancia con el acuerdo Internacional de París, se efectuaron, en distintas ciudades, celebraciones del Día Internacional de los Trabajadores. Como un dato relevante de la composición de los participantes del acto, los discursos se efectuaron en distintos idiomas, entre ellos, italiano y alemán.

En ese mismo año, en Cuba, también se cumplía el acuerdo de París, y los anarquistas fueron sus principales impulsores. A pesar de que el movimiento obrero cubano era incipiente por entonces, aquella lucha tuvo eco cuando el Círculo de Trabajadores de La Habana organizó, el 1 de mayo de 1890, un desfile que culminó en un acto con más de tres mil personas y una veintena de oradores. Un dato que agrega un valor especial a esta celebración es que Cuba se encontraba aún bajo el dominio de España. En años sucesivos, a las celebraciones del 1 de mayo se sumaron, entre otros países, México y Brasil.

A fines del siglo XIX, los anarquistas uruguayos y chilenos también celebraron el Día Internacional de los Trabajadores. En el resto de los países lo hicieron paulatinamente en el primer cuarto del siglo XX.

Ya no habría retroceso. La organización de la clase obrera estaba en marcha. La polémica entre anarquistas, socialistas y posteriormente comunistas, en cuanto a las formas organizativas, no impediría las acciones unitarias en defensa de las conquistas y en reclamos de nuevos derechos.

La historia reconoce ejemplos de luchas heroicas, de triunfos y derrotas, de mártires, e incluye nombres ilustres de líderes obreros y anónimos luchadores.

Sobresale entre esas gestas la matanza en la escuela Santa María de Iquique, una masacre cometida en el norte chileno, el 21 de diciembre de 1907. Allí fueron asesinados salvajemente más de tres mil trabajadores del salitre y miembros de sus familias. Tenían diversas nacionalidades. Los había peruanos y bolivianos. Se encontraban en una huelga general provocada por las miserables condiciones de trabajo y la llana explotación de los trabajadores. La medida de protesta fue reprimida por fuerzas militares. El grupo vocal chileno Quilapayún, con su obra "Cantata de Santa María de Iquique", dejó una hermosa versión del hecho, en memoria y homenaje de estos luchadores.

Otros ejemplos, entre tantos, pueden citarse en Argentina. La llamada Semana Trágica de 1919 o la lucha de los obreros rurales del sur argentino en la década del 20, una epopeya magistralmente narrada en *Los vengadores de la Patagonia trágica* de Osvaldo Bayer. No menos heroica fue la lucha de los obreros explotados por la United Fruit en Costa Rica, en el año 1934. En lo personal, recordamos haber recorrido esa zona en una visita a Puerto Limón, en el año 1978. Todavía resonaba allí el orgullo de quienes se sentían descendientes de esos luchadores. Cada uno de ellos atesoraba anécdotas, muchas de las cuales fueron relatadas por Carlos Luis Fallas, "Calufa", en su famoso libro *Mamita Iunai*. El autor había sido uno de los dirigentes de esa lucha, que concentró a más de quince mil trabajadores.

Vecinos indóciles

Podrían enumerarse cientos de esos ejemplos de lucha contra las consecuencias de la libertad de mercado a ultranza y de una buena vecindad que no era tal. En cada una de ellas, la represión a las protestas locales tuvo como actores a las autoridades gubernamentales de cada país, aplaudidas por connacionales y extranjeros. Esa complicidad se mantuvo y mantiene en algunos casos, como sostén de regímenes que en la actualidad son firmes defensores del libre mercado, en su versión neoliberal. Y en este rápido *racconto* no puede soslayarse la lucha campesina por la tierra.

Uno de los rasgos dominantes de los trescientos años de dominación colonialista en América fue, sin duda, el despojo de la propiedad, la explotación de los indígenas y la concentración de la tierra en manos de los conquistadores, en una primera etapa.

La propiedad de los pueblos originarios fue objeto de un permanente y sistemático despojo por parte de conquistadores y colonizadores. Los métodos fueron varios; se llamaron en primer término *donaciones*, después llegaron las adjudicaciones tramposas, las compraventas, los remates amañados y, cuando fue necesario, la usurpación violenta.

Para promover cambios de fondo en este esquema injusto surgió, entre otros, el movimiento reformista agrario que se inició en México con la Revolución de 1910, encauzada por don Francisco Madero, Emiliano Zapata y Venustiano Carranza, con la participación destacada de Pancho Villa. Y puede ubicarse en ese momento el punto de partida para el despliegue de otras experiencias de reformas agrarias en Latinoamérica, que han tenido mayor o menor intensidad, duración y efectividad.

La reforma agraria ha sido siempre una consigna política movilizadora que ha provocado convulsiones en la región. Quizás uno de los ejemplos más claros sea el de Guatemala, bajo la presidencia de Jacobo Arbenz, en la década del 50. Arbenz firmó el Decreto 900, donde se establecía la reforma agraria que afectaba a propietarios nacionales e internacionales.

Apenas conocida la resolución, el presidente de Estados Unidos, Dwight D. Eisenhower (1890-1969) declaró solemnemente: "Sobre Guatemala cayó la Cortina de Hierro".

Desde ese mismo día, la Casa Blanca maniobró junto a la CIA para el derrocamiento del presidente guatemalteco, que en efecto se produjo el 27 de junio de 1954, después de un golpe militar organizado por la diligente Central de Inteligencia. El presidente constitucional firmó su dimisión y pidió asilo en la embajada mexicana.

Si bien la Revolución Mexicana fue anterior a la Rusa, es evidente que el derrocamiento del zarismo y los acontecimientos que desembocaron en la construcción del socialismo tuvieron un impacto decisivo en el desarrollo de movimientos políticos y sociales en distintos países de América Latina.

Uno de ellos, en la Argentina, fue la Reforma Universitaria de Córdoba, en junio de 1918, que repercutió en toda la región.

Los estudiantes se habían rebelado contra el espíritu monástico y la conducción autoritaria de la enseñanza universitaria. En el país soplaban nuevos vientos de democracia, con la elección de Hipólito Yrigoyen a través del sufragio universal obligatorio, aunque por entonces sólo votaba el padrón masculino.

En la ciudad de Córdoba, donde predominaban los estudiantes hijos de inmigrantes, base social que llevó al triunfo a Yrigoyen, se encendió la chispa de la revuelta. Reclamaban nuevos planes de estudios, participación en la conducción de las casas de estudio y autonomía de los poderes públicos. Los jóvenes tomaron las universidades y proclamaron el derecho a darse sus propios dirigentes y maestros. Querían participar de una universidad que formara parte de la democratización de la cultura y donde campeara un espíritu crítico y libre. Hasta entonces, los claustros universitarios eran sólo una fábrica de egresados que reproducían el aristocrático esquema de conducción política del país.

La elección de un presidente de la República por el voto popular, abierto y genuino se contraponía a la cerrazón del ámbito universitario. La Reforma Universitaria del 18, se ubicaba como parte integrante del movimiento democrático general del país.

De inmediato, el movimiento estudiantil recibió el apoyo de la Federación Obrera Cordobesa, que entonces estaba dirigida por los comunistas. Desde esos años, una consigna se repitió en la calles del país: "Obreros y estudiantes, unidos adelante".

El llamado *Manifiesto Liminar de la Reforma Universitaria* planteaba claramente propuestas revolucionarias. Los diarios de la época mostraban imágenes de las reuniones reformistas, a las que calificaban de "soviets estudiantiles". No se negaba en esos encuentros que el viento que soplaba desde Rusia tenía influencia a más de diez mil kilómetros de distancia.

La rebelión estudiantil cordobesa tuvo una profunda incidencia en distintos países. El Aprismo peruano, de Raúl Haya de la Torre, por ejemplo, es hijo dilecto de los ideales reformistas.

En ocasión de un seminario en La Habana, en 1985, Jorge Enrique Mendoza, un dirigente revolucionario cubano, nos confió que en los años previos a Sierra Maestra no había líderes universitarios que no hubiesen abrevado en las ideas de Córdoba. José Ingenieros y Aníbal Ponce, dos intelectuales que adhirieron al movimiento estudiantil y aportaron ideas para encolumnarlo en el torrente político latinoamericano, eran de lectura obligatoria y cita obligada para oradores en asambleas universitarias cubanas.

En 1921, en México sesiona el Primer Congreso Internacional de Estudiantes, que decide la conformación de la Federación Internacional de Estudiantes. Definitivamente, la insurrección estudiantil cordobesa había traspasado las fronteras de Argentina.

Época de cambios

El auge de las luchas estudiantiles y obreras en el periodo posterior a la Primera Guerra Mundial conoció pronto una etapa de reacciones de las fuerzas que se aferraban a los principios del siglo XIX. Pero ya nunca lo que fue volvería a serlo. Las instituciones de la civilización liberal, en especial en todo lo vinculado a la irrestrictita libertad de mercado, estaban heridas de muerte.

Las repercusiones políticas de los cambios acaecidos en las trincheras y en las pizarras de las bolsas no fueron menores. El siglo XIX había estado vinculado a las ideas de las libertades de expresión, de opinión y de reunión. La depresión de los años 30 del nuevo siglo puso en la mira a aquellas libertades, y los remezones de los países centrales repercutieron en la periferia.

El escenario latinoamericano no fue homogéneo, pero a pesar de algunos intentos de gobiernos de izquierda en Chile y Perú, el balance final fue de cuño autoritario. En Argentina, por ejemplo, en septiembre de 1930 comenzó la etapa de golpes de Estado cívicomilitares, que reconoció una luctuosa continuidad hasta 1983. El enemigo, según la concepción golpista, estaba en las organizaciones populares. Se dispuso así en las primeras décadas la deportación de inmigrantes que tuvieran actividad política y sindical. No faltan los historiadores que ubican el golpe de Estado liderado por el general Félix Uriburu como vinculado a intereses petroleros extranjeros, que no toleraban la actividad de Yacimiento Petrolíferos Fiscales, YPF. Acotemos que esta empresa estatal fue fundada en 1922 y privatizada en la década del 90, en el marco del programa neoliberal de Carlos Menem; y que en una decisión de gran trascendencia, en abril de 2012, Cristina Fernández de Kirchner envió al Congreso un proyecto de expropiación de la empresa petrolera, ya vinculada a intereses extranjeros.

El análisis de cada caso individual puede distorsionar una necesaria mirada abarcatoria de todo lo que significó el conjunto compuesto por:
+ el enfrentamiento armado a nivel mundial
+ la aparición de la primera revolución socialista
+ la crisis económica que generó la Gran Depresión

Estos acontecimientos generaron una gran convulsión, que hizo imposible pensar en estructurar un mundo similar al que se conocía en 1913, antes del primero de los fenómenos enumerados.

A los efectos de este trabajo, es interesante analizar cómo se fue estructurando la lucha ideológica en esta etapa.

Ya a principios del siglo XIX, con la Revolución Francesa y posteriormente las guerras napoleónicas, las monarquías europeas habían cerrado filas para oponer una barrera a lo que se consideraban ideas extrañas al cuerpo social. Tiempo después y con mayor persistencia en el tiempo, predominó el término *ideas extranjerizantes*, en directa alusión al marxismo; y más recientemente, la consigna de la cruzada ideológica fue defender "el mundo occidental y cristiano".

El primer antecedente de una acción conjunta, a nivel estatal, fue la estructuración de la Santa Alianza, un acuerdo para combatir las ideas que se consideraban facciosas en América Latina. Esas ideas eran las que impulsaban los programas anticolonialista y revolucionarios. A esa etapa podemos considerarla como la prehistoria de la lucha ideológica tal como la conocemos hoy, pero tiene importancia no dejarla de lado.

Ideología en el aire

En 1918, Max Aitken, un canadiense que fue distinguido con el título de Lord Averbrook, fue nombrado por el gobierno británico al frente del Ministerio de Información inglés. El Reino Unido se sumaba así al Comité de Información Pública de los Estados Unidos, que funcionaba como una agencia independiente del gobierno y que fue creada para influenciar la opinión pública de los estadounidenses respecto de la participación de ese país en la guerra de 1914-18. Su objetivo era crear entusiasmo bélico y obtener apoyo popular contra los esfuerzos extranjeros para socavar el liderazgo de Washington.

A este Comité (que funcionó hasta agosto de 1919) se lo conoce también como el Comité Creel, en alusión a su director, George Creel, quien fue un pionero en la estructuración de aparatos de propaganda masiva. Creel reclutó setenta y cinco mil propagandistas orales, a quienes se los conoció como "Hombres de Cuatro Minutos". Éstos hablaban sobre la guerra en eventos sociales durante cuatro minutos, que era entonces lo que se consideraba como tiempo promedio de atención.

Lo fundamental de esta iniciativa era, como dijimos, la exhortación belicista, y el balance fue fenomenal. Se calcula que para el final de la Gran Guerra se habían realizado más de 7.5 millones de discursos, que llegaron a trescientos catorce millones de personas.

Pero los ejemplos de Gran Bretaña y Estados Unidos no fueron los únicos. Los alemanes desarrollaron el Departamento Militar de Prensa, que anticipaba en rasgos generales lo que se consolidaría en el futuro, la propaganda destinada a otros países.

En estos esfuerzos se empleaban todas las instituciones que pudiesen ser útiles. La prensa, escuelas, universidades e, incluso, la Iglesia tomaron parte, consciente o inconscientemente, de este aparato de propaganda.

Los medios de comunicación electrónicos se sumaron a medida que se mejoraban las condiciones técnicas.

En 1927, Holanda comenzó con sus transmisiones de onda corta, dirigidas especialmente a sus colonias. En 1931, Francia siguió su ejemplo. La BBC empezó sus transmisiones en 1932; un año después, Alemania. En 1935 fue el turno de Italia y desde 1939 lo hizo Estados Unidos.

Desatada ya la lucha ideológica a través del éter, merecen un párrafo especial las transmisiones de Radio Moscú. Los programas regulares desde la capital soviética para el exterior comenzaron en 1929, en alemán, francés e inglés.

El 1 de agosto de 1932, Radio Moscú comenzó sus transmisiones en español y no fue un locutor profesional el primero en comunicarse con los oyentes de España y América Latina. El encargado de inaugurar la programación fue Luis Cecchini, nacido en Italia, emigrado a la Argentina, donde fue electo como vicepresidente de la Federación Nacional de Ferroviarios. La dictadura militar, que derrocó al presidente constitucional Hipólito Irigoyen y tomó el poder en 1930, lo expulsó del país, y como corría el riesgo de ser enviado y entregado al fascismo italiano, la solidaridad obrera internacional se propuso impedirlo y lo logró. Y así, después de escalas en Uruguay y Brasil, donde contó con la ayuda de Luis Carlos Prestes, Cecchini llegó a Moscú.

Su primera tarea fue colaborar en la Internacional Sindical para América Latina y luego se convirtió en el primer locutor en español de Radio Moscú. Su voz se incorporaba a la batalla de ideas, cuando ya la confrontación no era solamente alrededor de los principios del liberalismo económico sino entre capitalismo y socialismo. Esa disputa, que se instalaba en principio en los medios de prensa, se trasladaría también al ámbito académico.

Es allí donde aparecen las Fundaciones, destinadas, en su etapa inaugural, al financiamiento de investigaciones científicas y programas culturales. En la actualidad, solamente en Estados Unidos existen más de treinta mil Fundaciones, pero le cabe a la Fundación Ford el privilegio de haber sido la que abrió el camino de estas instituciones, que hoy movilizan, en su conjunto, sumas superiores a los presupuestos de muchos países.

La Fundación Ford fue creada el 15 de enero de 1936 por Edsel Ford, el hijo de Henry Ford, "para recibir y administrar fondos para propósitos científicos, educativos y caritativos, para el bienestar público".

La Fundación Ford, al igual que otras instituciones similares, ha tenido fuerte injerencia en asuntos públicos de América Latina, influyendo fuertemente en centros académicos, partidos políticos y factores de poder de la región. La suya no fue, en ninguno de los casos, una tarea desideologizada.

Lo cierto es que en distintos sectores de Occidente se llegaba a la conclusión de que el viejo liberalismo estaba herido de muerte. No sólo en sus parámetros económicos, sino en sus postulados políticos.

Tres corrientes se disputaban la herencia del siglo XIX.

La primera, y que tuvo en definitiva mayor expansión, fue una nueva versión del capitalismo clásico, en la que se entremezclaban las bases clásicas del liberalismo económico con nuevas concepciones, que no desconocían las consecuencias negativas que provocaba ese esquema y trataban de morigerarlo con concepciones provenientes de la socialdemocracia europea.

En el otro extremo, el programa comunista que enarbolan los partidos que adherían a la Tercera Internacional.

En paralelo, el creciente fascismo, nacido al impulso de la Gran Depresión. La experiencia italiana y la versión alemana entusiasmaron a amplios sectores de la población, que las veían como una alternativa válida.

El mundo se asomaba a una nueva catástrofe, de la que nos ocuparemos de inmediato.

Capítulo 2
A LA CONQUISTA DEL MUNDO

"Las teorías intervencionistas del brillante Keynes, según el cual el Estado podía y debía regular el crecimiento económico, supliendo las carencias y corrigiendo los excesos del laissez-faire, eran ya un axioma incontrovertible de socialistas, socialdemócratas, conservadores y aun supuestos liberales del Viejo y Nuevo Mundo... Gran Bretaña inició en esos años su marcha hacia el populismo laborista y el Estado-benefactor, es decir hacia la inflación y la decadencia que sólo vendría a interrumpir el formidable (pero, por desgracia, trunco) sobresalto libertario de Margaret Thatcher.
Mario Vargas Llosa, *Muerte y resurrección de Hayek.*

La polémica sobre la crisis que podía hundir el mundo tal cual se lo había conocido hasta entonces y sobre sus posibles soluciones, no sólo se dirimía en el ámbito de los medios de comunicación y las tribunas académicas.

Cada uno de los Estados que reclamaban ser actores fundamentales en el escenario internacional tomaba posición y lo hacía con todos los medios a su alcance. El uso de la fuerza y el perfeccionamiento de las maquinarias de guerra se pusieron, entonces, en marcha.

La consolidación del modelo soviético, el avance del fascismo en Europa y las dificultades del liberalismo clásico profundizaron las contradicciones y comenzó a generarse un nuevo escenario en las relaciones internacionales.

Distintos países se consideraban con derechos de tutelaje sobre otros. Se relanzaba el proyecto colonialista, que llevaba varios siglos de funcionamiento. Y si no había acuerdo entre países, hablaban las armas. Distintos autores sostienen que ya en la década del 20, comenzó a profundizarse la convicción de que con el fortalecimiento del fascismo, la guerra era inevitable.

Las ideas fascistas, en plena crisis económica mundial, aparecían como conformando una ideología que despreciaba por igual al liberalismo y al comunismo. Era una propuesta para entusiasmar a masas empobrecidas y a una clase media asustada.

Desde sectores conservadores europeos no veían con malos ojos que el fascismo y el comunismo se desangraran mutuamente. Si el vencedor era el fascismo, la satisfacción podía ser completa.

Los futuros socios del Eje comenzaron a mover sus fichas. Con el aparato militar, llegaban los funcionarios que ponían en marcha una ocupación en el plano político, económico e ideológico. Se exportaban los modelos a punta de fusil. Después había que convencer a la población, y esto se hacía con resultados dispares.

En 1931, Japón invadió Manchuria y formó un gobierno títere. Al año siguiente ocupó parte de China y llegó a penetrar en Shanghai. En 1933, Hitler asumía el poder en Alemania. Tiempo después denunciaba los tratados de paz que se le habían impuesto a esa nación en 1918 y volvía a mostrarla como una potencia militar. Mussolini no quiso ser menos e Italia invadió Etiopía. Comenzaron a diseñarse pactos estratégicos: el Eje Roma-Berlín y el que firmaron Alemania-Japón para oponerse al comunismo.

Japón, envalentonado, continuó con la ocupación de China.

Alemania, que se consideraba marginada del reparto colonial, comenzó también su escalada de conquista. Y el resto de Europa, mientras intentaba escapar de la crisis, trataba de apaciguar a Hitler. El llamado Pacto de Munich le permitió a éste ocupar una parte considerable de Checoslovaquia, sin tener que llegar a un conflicto bélico.

Los acuerdos en Munich fueron firmados durante la noche del 30 de septiembre de 1938 por los jefes de gobierno del Reino Unido, Francia, Italia y Alemania, con el objeto de solucionar la denominada Crisis de los Sudetes, pertenecientes a Checoslovaquia e incorporados al territorio alemán.

Ningún representante del gobierno de Praga participó de la reunión. El resto de Checoslovaquia quedó finalmente bajo control alemán en marzo de 1939. El ruido acompasado de los tambores y las botas aturdía sin mostrarse aún del todo.

Era cuestión de brevísimo tiempo.

Salvar al sistema

Todo estaba en discusión. El Derecho Internacional aparecía como un instrumento incapaz de dictar normas para defender a Estados indefensos.

Otras instituciones internacionales, como la Sociedad de las Naciones, creada por el Tratado de Versalles en junio de 1919, tampoco tuvo éxito en cuanto a establecer una paz duradera. Incluso en un país que no jugaba un rol de primera línea como España, se produjo una guerra civil que dejó un saldo de más de un millón de víctimas. El enfrentamiento que en España involucró a distintos países, ejércitos profesionales y militantes, que llegaban de manera individual y voluntariamente, marcó un verdadero aprestamiento para lo que vendría años después, a partir de 1939, con la invasión a Polonia.

El nuevo escenario internacional imponía un gran desafío a los pensadores y teóricos de las ciencias sociales. En todos los casos, el compromiso era dejar atrás la crisis, atribuida en general a las deficiencias del funcionamiento de las instituciones fundamentales de la economía.

El fascismo, como dijimos, se presentaba como la alternativa al liberalismo y al comunismo. El socialismo llevaba adelante su experiencia en territorio soviético y era cauto en cuanto a las posibilidades de expansión, aunque los distintos partidos comunistas reunidos en la Tercera Internacional proclamaban el inminente derrumbe total del capitalismo. Pero ese optimismo no les impedía observar el peligro que significaba el ascenso del fascismo.

En el marco de las economías liberales y en general en los países capitalistas, el esfuerzo teórico era realizar un análisis crítico de la Gran Depresión y encontrar explicaciones, y en algunos casos justificaciones, a las dificultades de la libre competencia, reconocida como la piedra angular del sistema capitalista.

A los pensadores más lúcidos les era difícil sostener a rajatabla los dogmas del siglo XIX y pintar la situación como floreciente. Muchos de ellos se lanzaron a hablar del peligro que amenazaba al sistema capitalista en su conjunto e, incluso, algunos pusieron en duda el carácter indestructible del capitalismo.

Esas tesis encendieron luces de alarma, primero, en las academias; luego aquellas se trasladaron al ámbito político.

Si bien con distintos matices, los pensadores más lúcidos y con mayor consideración en la sociedad comenzaron a cuestionar algunas verdades hasta entonces inamovibles. Ya no había seguridad plena. El mecanismo de competencia capitalista quería suprimir de manera casi mágica y automáticamente todas las contradicciones y dificultades. Pero el cuestionamiento llegaba, y no llegaba sólo desde las filas marxistas. Una corriente de opinión sostenía que el capitalismo había abandonado la fe en los principios liberales y se había rendido a los principios socialdemócratas y a las presiones del movimiento obrero no comunista.

En el contexto de la crisis, había preocupaciones en distinta escala. La desocupación masiva y la imposibilidad de utilización a pleno de la capacidad de las empresas ocupaban el primer escalón. Era difícil sostener, en la década del 30, que el capitalismo aseguraba la ocupación plena de la mano de obra y la utilización de todos los recursos productivos. De cualquier manera, el esfuerzo teórico no era para abandonar el capitalismo, sino para replantearlo en las nuevas condiciones. La idea clave era salvar y fortalecer el sistema.

La danza de las ideas

Distintos enfoques trataban de dilucidar si el capitalismo había entrado en crisis. Si la aparición de grandes empresas monopólicas clausuraba la libre competencia. Si el Estado podía o debía tener participación activa en el ciclo económico.

En el periodo en el cual la sociedad capitalista crecía, al parecer de manera continua e indefinida, la consigna era la no intervención del Estado en la economía y la carencia absoluta de regulaciones para la libre empresa.

La Gran Depresión de entreguerras mostró otra realidad que era necesario asumir. Comenzaron a manifestarse signos de decepción acerca de la real energía interna que poseía el sistema para recomponer errores y dificultades.

Las preocupaciones se instalaron con fuerza en los sectores empresarios.

En el ámbito de los trabajadores crecía el nivel de organización y la profundización de las luchas. Comenzó a escucharse con frecuencia a muchos economistas apelando al Estado como

una fuerza capaz de corregir los defectos del accionar automáti-
co de la libertad de mercado. Éste era un aporte polémico para
los sectores más tradicionales, y su figura más relevante fue ya
citada: el economista inglés John M. Keynes.

Se inició en esta etapa una puja que prácticamente dura hasta
nuestros días, y es la de los partidarios del capitalismo regulado
enfrentados a los defensores de la libre iniciativa. Esta última,
que en definitiva enfrenta a la corriente keynesiana, tuvo desde sus comienzos como principales ideólogos a los economistas
estadounidenses.

De cualquier manera, es necesario subrayar que estas dos corrientes luchaban por ganar adeptos en cuanto a quienes eran
los que mejor defendían el futuro del capitalismo y que ambas
polemizaban con el marxismo. Tanto los que impulsaban la acción estatal en la crisis económica como los que la negaban estaban de acuerdo en criticar postulados básicos del marxismo
como las teorías del valor, la plusvalía, la depauperación de la
clase obrera. En definitiva, ambas corrientes sostenían el principio de que el capitalismo tenía salvación y de que su caída no era
inevitable, como lo proclamaban desde Moscú.

Otro de los aspectos que mereció especial interés fue la relación entre libre competencia y monopolio. Discreparon en esta
cuestión los que consideraron la aparición del monopolio como
algo extraño al libre mercado y los que, por el contrario, le reco-
nocían un efecto benefactor para la economía.

En una tercera categoría, los aportes teóricos se enfilaban
a demostrar que el capitalismo se había transformado. Había
cambiado la distribución de la propiedad y la riqueza; la dirección de las empresas ya no eran las mismas que habían descrito
los clásicos del socialismo en el siglo XIX.

Las tres corrientes del pensamiento, aquí citadas someramen-
te, a pesar de sus rasgos específicos, tenían un hilo conductor:
todas habían surgido en la etapa de crisis, cuando la presencia
de los monopolios era inocultable y ya objeto de polémica. Cada
una de ellas, desde su ámbito, insuflaba la esperanza de que las
dificultades eran pasajeras, que los efectos secundarios y vicios,
si los había, no podían poner en riesgo varios siglos de desarro-

llo de libre mercado. Resulta interesante abordar brevemente cuáles eran las concepciones económicas que impulsaba el fascismo, con una particular concepción del papel del Estado en la economía. No fue casual que en Alemania se denominara *nacionalsocialismo* a la corriente que impulsaba el hitlerismo. Un aspecto que impactó enormemente a la población fue la consigna de liberar a los propietarios de la denominada *esclavitud del interés*. La dificultosa situación de los pequeños productores no podía atribuirse al capitalismo en general, sino al conjunto de prestamistas, que no estaban encuadrados en el capital financiero. Para combatir esa esclavitud del interés, en Alemania se dictaron leyes de profundo contenido político. Una de ellas fue la organización de los oficios, por medio de la cual, al frente de los gremios se colocaba un jefe político fascista.

Recortada contra el destello de los ensayos de artillería, esa danza de ideas era, en muchos casos, una danza macabra.

Los aliados enfrentan al Eje

A medida que el fascismo avanzaba en Europa y mientras Alemania, Italia y Japón conformaban sus alianzas estratégicas, se profundizaba el convencimiento de que las potencias del Eje constituían un grave peligro para el conjunto de la comunidad internacional. Pero la percepción de la amenaza aún no era suficiente para hacer todo lo posible para conjurarla.

Mientras en los países principales de Occidente la preocupación fundamental pasaba por la defensa de los principios básicos del liberalismo político, desde la Unión Soviética se insistía en que las rivalidades económicas empujarían inevitablemente a la guerra a las potencias capitalistas.

Aun cuando el tablero internacional reflejaba profundas divergencias ideológicas en todos los planos, el responsable soviético de Asuntos Exteriores, Maxim Litvinov, se afanaba por estructurar un sistema de seguridad colectiva en Europa, aunque sin éxito.

Los países que compartían los temores frente a posibles agresiones tenían otros intereses particulares que los dividían, o que podían ser utilizados en el futuro para dividirlos. Gran Bretaña y Francia no quisieron impedir la ayuda de Italia y Alemania a las tropas franquistas en la Guerra Civil española. Fuera del ámbito español, como ya hemos visto, la política apaciguadora del gobierno británico favorecía los planes de Hitler.

Ante la posibilidad de enfrentar al Tercer Reich en solitario, Stalin dio un paso al frente y firmó con Hitler un pacto de no agresión, en agosto de 1939. A todas luces, esta decisión parecía contradecirse con la prédica que llamaba a una alianza de la Unión Soviética con Occidente, para frenar al fascismo. Todavía hoy ese texto desata polémica. Los soviéticos fundamentaron esa decisión con los titubeos europeos para conformar un frente común antifascista. Hitler siguió adelante con sus planes. Su estrategia de conquistas comenzó con Polonia en 1939 y se expandió por el conjunto de Europa.

A pesar del pacto firmado, Hitler ordenó la invasión de la Unión Soviética a la altura de la fortaleza de Brest, el 22 de junio de 1941. Comenzaba la segunda fase de la Segunda Guerra Mundial, sin saber el líder nazi que esa decisión ayudaría a sellar su suerte final.

La realidad política europea mostraba que la guerra no tenía apoyo popular. Estaban aún frescas las imágenes de la Primera Guerra Mundial, en especial en Francia, país en el que hizo el mayor aporte de víctimas fatales. Un panorama similar se desplegaba en Estados Unidos, donde Roosevelt, a pesar de ser un presidente con gran respaldo popular, estuvo imposibilitado durante años para impulsar una política exterior antifascista, porque ésa no era la opinión mayoritaria del electorado.

Es interesante comprobar que muchos autores, entre ellos Eric Hobsbawn en su *Historia del siglo XX*, creen que de no mediar el ataque a Pearl Harbor, la Casa Blanca habría mantenido su neutralidad en la guerra. Dice el historiador inglés: "No está claro en qué circunstancias pudiera haber participado en ella, de otro modo".

La reacción antiguerrera, sin embargo, no impidió que se produjera una insólita convergencia entre dos sistemas políticos diametralmente opuestos, como el comunismo y el capitalismo. Se olvidaron viejos rencores; incluso la intervención de los occidentales en la guerra civil en Rusia, poco tiempo después del triunfo leninista. En este acuerdo antifascista tuvo mucho que ver la experiencia de la Guerra Civil Española. Derrotada la República, los sectores antifascistas sacaron conclusiones.

En la experiencia española, la opinión pública que se oponía al levantamiento fascista fue rápida y unánime. Pero no lo fueron sus gobiernos. Hubo vacilaciones ante la flagrante intervención de tropas italianas y alemanas. Solamente la Unión Soviética y Francia, en la que acababa de ganar las elecciones un frente popular liderado por los socialistas, se manifestaron claramente en defensa de la legalidad republicana.

El papel de Gran Bretaña merece un párrafo especial, pues no sólo encabezaba los esfuerzos para no irritar a Hitler, sino que presionó a Francia para retacear el apoyo a los demócratas españoles. Al gobierno de Londres le preocupaba, más que el nazismo, la posibilidad de que en España avanzaran las fuerzas revolucionarias, que los británicos identificaban con el bolchevismo. Frente a la negativa de los principales países europeos de involucrarse en apoyo de la España republicana, los soviéticos continuaron con su ayuda, aunque no lo hicieron abiertamente. Ya es parte de la Historia la participación de militares soviéticos como asesores de las fuerzas republicanas. Esos mismos oficiales, muchos de ellos con el grado de mariscal, tuvieron participación destacada en la Segunda Guerra Mundial, enfrentando a las fuerzas nazis.

El documentalista Roman Karmen dejó plasmado en formato cinematográfico la participación soviética en España. El escritor Illya Eheremburg, en sus memorias, recuerda los esfuerzos de Ernest Hemingway para entrevistarse con el asesor soviético de los grupos irregulares que provocaban sabotajes en la retaguardia franquista. Finalmente lo consiguió. Roberto Jordán, el protagonista de *Por quién doblan las campanas*, es en realidad, Jadzhi Mamsurov, un mayor de la inteligencia militar soviética, que luego de la Segunda Guerra Mundial tuvo altas responsabilidades en el aparato estatal de seguridad.

Durante todo el periodo de la lucha desigual entre el gobierno legal y los generales alzados con ayuda fascista, la Unión Soviética se convirtió en la pieza esencial del esfuerzo militar de la República. Esta actitud le generó a Moscú un prestigio importante, que en definitiva ayudó a la conformación de la Alianza contra el eje fascista.

Fue la Guerra Civil española, donde jugaron un papel importante los militantes de las Brigadas Internacionales provenientes de cincuenta países, la que anticipó la conjunción de las fuerzas que años después del triunfo franquista derrotarían al fascismo.

En España combatieron codo a codo desde conservadores defensores de la democracia a socialistas y comunistas. Esto fue una experiencia interesante para que finalmente se vencieran los recelos mutuos entre defensores y críticos de la revolución soviética. España fue un gran laboratorio. Hubo que polemizar con quienes desde la derecha agitaban el fantasma rojo y los que desde el infantilismo izquierdista renunciaban a cualquier acuerdo y anticipaban la traición a la revolución. Eran días de intensas pujas ideológicas, donde el eje no pasaba por impulsar la revolución social sino por la defensa de la democracia.

Si bien en el territorio español no se discutía la preeminencia del mercado y la libre empresa o el dirigismo estatal, las masas populares no renunciaban a las conquistas y reclamos sociales.

Un Estado paternalista y represor

En los países inmersos en los enfrentamientos militares, la población experimentaba sensaciones contrapuestas. Por una parte, primaba el orgullo nacional en la defensa de la patria, la decisión de derrotar al enemigo e invasor. Pero por otra, crecía la convicción de que cuando cesaran de hablar las armas, llegaría el momento de reclamar una mayor justicia en la distribución de la riqueza, como un reconocimiento al aporte popular al triunfo.

Las penurias de la guerra eran soportadas con estoicismo. Los esfuerzos para sostener el operativo bélico se transformaban en el soporte de futuros planteos reivindicativos. Pobreza y desempleo eran preocupaciones centrales de la población. Se reconocía que la guerra profundizaba las dificultades, pero no había resignación.

No fue casualidad que ante este escenario de reclamos populares, en Gran Bretaña, en 1942, un año de grandes esfuerzos para enfrentar la guerra, se publicara lo que se conoce como *Informe Beveridge*; en verdad, el *Social Insurance and Allied Services*.

William Henry Beveridge (1879-1963), el autor de ese trabajo, fue un economista y político británico que desarrolló una base teórica para diseñar un Estado de Bienestar (Welfare State), en el Reino Unido, como iniciativa de los laboristas.

Educado en Oxford, Beveridge ingresó en 1908 en el Ministerio de Economía de la mano de Winston Churchill. Allí, en su primer empleo gubernamental, comenzó a desarrollar concepciones teóricas acerca de lo que sería su preocupación fundamental: controlar el desempleo. Cuando faltaban algunos años, para que comenzaran a nivel mundial las preocupaciones más profundas sobre el tema, Beveridge publicó en 1909 *Unemployment: A problem of industry*, o sea: *Desempleo: un problema de la industria*.

El *Informe Beveridge* fue el resultado de un duro trabajo conjunto en el que participaron hasta once altos funcionarios del gobierno. Resultó un proyecto de seguridad social con carácter universal. A 70 años de su publicación tiene elementos innovadores y algunos verdaderamente progresistas y revolucionarios. Preveía, por ejemplo, que el presupuesto nacional debía hacer frente al sostenimiento de los sectores más desfavorecidos de la sociedad: desempleados, enfermos, y ancianos.

Su verdadera innovación fue considerar que esas ayudas no eran un mecanismo de caridad, un mero reajuste a los desperfectos de la economía, que provenían del libre mercado, sino que, por el contrario, el bienestar de la sociedad era una "responsabilidad del Estado".

En definitiva, el *Informe Beveridge* sostenía que todo ciudadano, por el mero hecho de serlo, tenía derecho a participar de los beneficios de la economía, y que era papel del Estado asegurarlos. Como era de esperar, en la catedral de la libre iniciativa, semejantes conceptos generaron escozor, polémica y rechazo. Hubo cautela tanto en el Gobierno como en la opinión pública. En el marco de un gran esfuerzo guerrero, Beveridge proponía aumentar el tamaño del Estado. Era, en definitiva, una etapa más de la larga batalla teórica sobre el papel del Estado en la economía. La decisión de publicar el *Informe* en Gran Bretaña significó también un fino olfato político, en William Beveridge y en los académicos que colaboraron en la redacción del trabajo.

Pelear, ¿por y para qué?

La participación en la guerra no sólo movilizó a una inmensa masa de población que entregaba a sus esposos, hijos y hermanos para sumarse a la fila de los soldados. Esa circunstancia significó también un profundo proceso de interrogación para el conjunto de la sociedad y, en especial, para los sectores más desposeídos.

¿Quiénes y por qué inician la guerra? ¿Qué intereses se defienden en ella? ¿Cómo será nuestra vida cuando llegue la paz? Cada una de estas preguntas, que no eran las únicas, generó un debate que iba más allá de la lucha contra el enemigo común.

En la Alemania nazi esa polémica fue casi inexistente, pues la gran mayoría apoyó a su gobierno hasta el día de la derrota. Solamente una minoría de militantes comunistas y de izquierda liberal, a los que se agregaban disidentes religiosos, opuso una débil resistencia. Y su destino fue el exilio o los campos de concentración.

Fuera de Alemania, el fascismo tenía su sostén en los sectores más conservadores y en especial, en aquellos que vivían atemorizados frente al peligro soviético. A este grupo pueden sumarse sectores de la Iglesia Católica, entre los cuales formaban parte los grupos anticomunistas más intransigentes. En contraposición a esta experiencia, en la mayoría de los países la resistencia antifascista tenía claramente un perfil de izquierda y, junto al debate sobre la lucha cotidiana, se hablaba también de la posguerra. Nuevamente aquí aparece la experiencia de España.

En los movimientos de resistencia podemos tomar el ejemplo de Italia y Francia, donde era notorio el papel que jugaban los comunistas. El Partido Comunista Francés tenía el triste privilegio de ser el partido de los fusilados, con más de quince mil militantes ejecutados por los ocupantes. Con características similares se desarrollaba la resistencia en otros países. No se hablaba solamente acerca de los métodos para derrotar al Eje, no se arriesgaba la vida con el único objetivo de defender la libre competencia y el capitalismo del siglo XIX. Ninguno de los participantes de la guerra, ya sea a nivel estatal, partidario o individual, aceptaba que la lucha fuese para volver exactamente al mismo lugar. La Gran Depresión del 30, el fracaso político del periodo de entreguerra, incluida la Sociedad de Naciones, configuraban un futuro de cambios. Todos, incluido Estados Unidos, alejado del escenario de la guerra europea, debieron reconocer que no era posible movilizar millones de personas sin aceptar ningún cambio. De eso se comenzó a hablar al día siguiente de la capitulación hitleriana, en mayo de 1945.

El ejemplo más claro fue la derrota de Winston Churchill en las elecciones realizadas después del triunfo. El líder que encabezó la resistencia no pudo revalidar sus títulos en las urnas. Fue derrotado por los laboristas, que aumentaron en un 50% sus votos.

La mayoría de los observadores políticos de la época y los historiadores de hoy coinciden en que los británicos, participantes en la guerra, habían elegido a un partido impulsor de la lucha y la victoria contra el fascismo, pero que al mismo tiempo reclamaban medidas para el cambio social. En los años siguientes a la victoria, el partido laborista tuvo que poner en marcha una serie de iniciativas, algunas de ellas contempladas en el *Informe Beveridge* de 1942.

Triunfar para avanzar

Sin una connotación política tan impactante como la derrota de Churchill, en otros países hubo expresiones similares. El triunfo en la guerra debía implicar, también, un avance en el reconocimiento de derechos. La guerra, en definitiva, fue un gran acelerador de cambios sociales e institucionales.

El enfrentamiento 1914-1918 alumbró la revolución de los soviets; el fin de la Segunda Guerra Mundial fue la partida de nacimiento de una comunidad de estados socialista en Europa. Fuera de Europa, la tendencia tuvo características parecidas, y los movimientos anticolonialistas se tiñeron de un inocultable tinte de izquierda, en clara sintonía con la lucha antifascista mundial. Un proceso de izquierda, encabezado por una elite educada en la metrópoli colonial, se verificó por ejemplo en la India. Procesos similares se dieron en países con poblaciones de creencias musulmanas, como Siria e Iraq. Argelia, con una prolongada y sangrienta lucha, integra también este grupo de países. En África se consolidaron procesos idénticos. Decenas de países comenzaron a tener reconocimiento internacional como Estados independientes. En momentos en que China se proyecta como la gran potencia mundial, vale la pena repasar algunos datos históricos. Es interesante, por ejemplo, leer con atención, y si se quiere con espíritu crítico, el relato que hace de estos años la Historia del Partido Comunista de China:

"La victoria de la guerra antijaponesa de China la logró el pueblo de todas las nacionalidades de China a través de una lucha sumamente dura y pagando precios en extremo elevados. Según estadísticas, el pueblo chino y sus fuerzas armadas sufrieron en la guerra más de veintiún millones de bajas, entre muertos y heridos".

Más adelante, esta publicación oficial señala que la victoria de la guerra de resistencia contra el Japón alentó al pueblo de todas las nacionalidades de China y reforzó su autoconfianza nacional. Este periodo tuvo también repercusiones en lo ideológico, y el documento histórico de los comunistas chinos señala textualmente:

"Fue en el periodo de la guerra antijaponesa cuando alcanzó la madurez el pensamiento de Mao Zedong, pensamiento que conlleva la integración del marxismo-leninismo con la práctica de la revolución china".

El 1 de octubre de 1949, ante miles de personas, en la Plaza de Tianamen, frente a la entrada de la Ciudad Prohibida, se proclamaba solemnemente la República Popular China. Mientras eso ocurría en latitudes lejanas, en América Latina, la confrontación entre libertad de empresa y regulación estatal tomaba un giro distintivo.

El Estado criollo

En la región, desde los mismos orígenes de la dominación colonial, se fue estructurando una pirámide social en la que la ubicación era determinada, entre otras, por razones de cuna y de diferenciación étnica. Los años profundizaron el foso que se interpone entre quienes están en el vértice y quienes soportan la base de la pirámide. Pero esta estructura latinoamericana no se constituyó de manera espontánea por efecto de la libre competencia, sino que en ella jugó un gran papel la conformación particular de los Estados regionales.

Si bien las revoluciones anticoloniales en Latinoamérica reconocen como antecedente fundamental las revoluciones francesa y estadounidense, el proceso posterior se alejó bastante de esos modelos. Una elite económica, comercial y financiera, que ya se destacaba en la época colonial, consolidó sus posiciones y acentuó su dominación. Desde esta posición de fuerza, estos grupos estructuraron un Estado al que manejaron de acuerdo con sus conveniencias sectoriales. Hubo épocas en que lo dominante fue la libertad económica a ultranza; en otras, el aparato estatal diagramó un esquema para apuntalar y defender los privilegios de los sostenedores de la libertad de mercado.

No debe extrañarnos que en esos vaivenes hubiese reacciones violentas como expresión de indignación popular y al mismo tiempo una forma de participación política. La mayoría de estos intentos no conformaban un asalto al poder al estilo de la Comuna de París, sino una manera de hacerse escuchar y mostrar capacidad de poder político.

Una corriente teórica se obstina en presentar a América Latina como un continente genéticamente violento; se habla de una "cultura de la violencia política". No aclara debidamente desde dónde se ejerce esa violencia; si es en sentido horizontal o vertical. Sin embargo, no tiene gran consistencia argumental que profesionales académicos se basen en una generalización de la psicología de los pueblos, para explicar varios siglos de violencia. Si se analiza cuántos presidentes latinoamericanos y cuántos estadounidenses han sido asesinados, las teorías sobre la violencia subcontinental pueden sufrir serios tropiezos.

El politólogo francés Alain Rouquié, en su análisis sobre la creación del Estado en la región, realiza un prolijo análisis sobre una institución destinada a salvaguardar intereses particulares. Dice el autor:

"América Latina no inventó el Estado, pero hizo de él un actor central, cuyo papel esencial constituye una de las particularidades del dispositivo sociopolítico de esas naciones, con algunas excepciones. El Estado, centro político único y legítimo que controla un territorio y la población que lo ocupa, surge en América Latina al mismo tiempo que la economía nacional se integra en el mercado mundial como productora de uno o varios productos primarios".

Y más adelante agrega:

"En virtud de la situación histórica y estructural de las sociedades latinoamericanas, el Estado es el lugar donde se realizan las transacciones y los negocios de los grupos poseedores locales con las burguesías extranjeras".

Si se sigue el pensamiento de Rouquié, resulta difícil separar al Estado de los negocios y la economía. Este Estado, nacido en el periodo de la expansión económica internacional, tiene ante sí varios objetivos que están destinados a asegurar los negocios y conciliar los intereses de las clases dominantes, que constituyeron al propio Estado.

Un dato importante es que el Estado debe mantener el equilibrio, no siempre firme y a veces delicado, entre los intereses externos y las burguesías locales. Para garantizar esos objetivos debe garantizar, en primer lugar, que la producción exportable tenga salida a los mercados internacionales; asegurar la disponibilidad de la mano de obra que procure la más alta rentabilidad; fijar precios y controlar el crédito para prevenirse de las fluctuaciones en el escenario mundial. Todas las herramientas del Estado, las jurídicas, políticas, judiciales, represivas, estarán al servicios de esas metas.

Un caso testigo

Analicemos un ejemplo concreto y volvamos a Argentina para repasar lo ocurrido en la Patagonia, concretamente en la provincia de Santa Cruz. En el año 1921 hubo una huelga de obreros rurales, en su mayoría chilenos, que se rebelaron frente a las condiciones de trabajo y salarios que les imponían latifundistas de la región.

El ya mencionado libro de Osvaldo Bayer, *Los vengadores de la Patagonia trágica*, es un testimonio muy valioso, que ayuda a entender cuál fue el papel del Estado en el conflicto. Para tener una idea del escenario de la época, vale la pena señalar que una sola familia, de apellido Braun, poseía un millón cuatrocientas mil hectáreas de terreno, dividas en territorio chileno y argentino. Eran propietarios de un millón doscientas cincuenta mil cabezas de ganado lanar, que producían lana, cuero, carnes, en su inmensa mayoría destinadas al comercio exterior.

En la zona los propietarios eran argentinos y británicos. El representante de Londres en Buenos Aires, Ronald Mac Leay, en tono severo le hizo conocer su preocupación al gobierno argentino encabezado por Hipólito Yrigoyen:

"Las cosas han llegado a una situación tan crítica, que los súbditos británicos, tanto en el campo como en el pueblo, requieren con urgencia protección, ya que sería sumamente peligrosa toda nueva demora en adoptar las medidas necesarias para conceder esa protección. Ruego a Vuestra Excelencia, por consiguiente, quiera dispensar al asunto la más seria atención y autorizarme a telegrafiar al representante consular británico en Río Gallegos, que pueda asegurar a sus compatriotas que el gobierno argentino adoptará medidas inmediatas y adecuadas para proteger las vidas y propiedades británicas en el pueblo mismo y sus alrededores".

El texto no difiere mucho de los que acostumbraba mandar la Casa Blanca a los países caribeños, como antesala de una intervención militar.

El gobierno argentino tomó nota debida de la preocupación inglesa. Allí enfrente están las Islas Malvinas, ocupadas por los británicos, y siempre hubo y hay buques de guerra y tropas listas.

La reacción de Yrigoyen no se hizo esperar. Pocos días después de recibida la nota, el Ministerio de Guerra comunicó que la Marina enviaba cincuenta efectivos a Río Gallegos y que tenía listo un escuadrón para viajar al sur, si los sucesos hicieran necesaria esa medida.

El gobierno británico trabajaba sin pausa. Ronald Mac Leay comunicó a la cancillería argentina que la estancia de un súbdito británico, Juan Cormack, había sido asaltada "por huelguistas, armados y montados, los caballos y depósitos requisados y las máquinas de esquilar destruidas". La presión se tornaba insoportable.

Aunque en tono más diplomático, la representación de la República de Alemania hizo lo suyo. Transmitió al gobierno la preocupación de los ciudadanos alemanes de que "las tropas enviadas hasta ahora al territorio resulten insuficientes para restablecer el orden". Los embates no sólo llegaban desde el extranjero. La burguesía local y los terratenientes de ambos lados de la cordillera agitaban también la necesidad de orden en el escenario patagónico. Finalmente, el gobierno nacional cedió. Dice Osvaldo Bayer:

"Hipólito Yrigoyen es lerdo pero no ciego ni sordo. El Presidente ordena al teniente coronel Héctor Benigno Varela que marche al sur 'y cumpla con su deber.'"

Fueron reclutados ciento setenta soldados que, junto a los jefes militares, llegaron al Puerto Santa Cruz, el 2 de febrero de 1921. La manipulación histórica, antes del monumental trabajo de investigación de Osvaldo Bayer, trató de ocultar que el "cumplimiento del deber" por parte del teniente coronel Varela dejó un saldo de mil quinientos trabajadores fusilados. Y el Estado no había sido indiferente.

Es interesante que, después de más de medio siglo, esta intervención del aparato represivo del Estado siguiera creando conmoción en la Argentina. Cuando en 1974 el texto de Bayer se transformó en una película, el Ministerio de Defensa vetó su exhibición pública. Sólo la intervención personal de Juan Domingo Perón (1895-1974), presidente electo por tercera vez, permitió que la cinta se viera en los cines. Cuando en 1976 triunfó el golpe militar encabezado por Jorge Rafael Videla (n. 1925), hoy condenado a varias cadenas perpetuas, Osvaldo Bayer, su familia y los principales actores del *film* tuvieron que marchar al exilio.

La curiosa "neutralidad" del Estado

Si fijamos nuestra vista en Centroamérica, veremos que numerosos estudiosos latinoamericanos coinciden en que los acontecimientos de El Salvador de 1932 marcan un hito del enfrentamiento regional entre poderosos y desposeídos. Allí también el Estado tomo partido. El Salvador no tiene plantaciones de plátanos, no posee la estructura agropecuaria típica de las denominadas despectivamente "repúblicas bananeras", pero esa carencia no lo eximió de las convulsiones de entreguerras.

En El Salvador de la década del 30, es inevitable el nombre de Agustín Farabundo Martí (1893-1932), un líder organizador de sindicatos obreros, fundador del Partido Comunista de su país e integrante del Estado Mayor Internacional de Augusto César Sandino (1895-1934), el llamado "General de Hombres Libres".

En 1928, Martí había llegado a Managua desde Nueva York, donde se había contactado con la dirección central de la Liga Antiimperialista de las Américas, que le encargó ser su representante ante el luchador nicaragüense, de quien llegó a ser secretario privado.

Tiempo más tarde, ya en México, Farabundo Martí pasó a ser líder latinoamericano del Socorro Rojo Internacional. Esta organización había nacido en los años 20 por impulso de la III Internacional, para enfrentar al fascismo entonces incipiente. En 1930, Martí regresó a El Salvador y, ya como militante comunista, se puso al frente de la lucha de trabajadores y campesinos.

En ese entonces, El Salvador presentaba una sociedad en crisis, un pueblo descontento y una economía desquiciada, castigada por los bajos precios internacionales del café y por los efectos de la Gran Depresión estadounidense de 1929.

El 2 de diciembre de 1931, un golpe militar derrocó al gobierno del ingeniero Arturo Araujo (1868-1967). Los comicios normalizadores de enero del 32 significaron un fraude escandaloso. Varios sitios de votación fueron suspendidos en poblaciones en las que el Partido Comunista tenía fuerte presencia. La insurrección tomaba forma. Se produjeron frustrados asaltos al Cuartel de Caballería por las fuerzas rebeldes. El gobierno nacional decretó el estado de sitio y la ley marcial. Se implantó la censura estricta en la prensa. Los alzamientos y combates se sucedían en todo El Salvador. Miles de campesinos, obreros y trabajadores, portando armas rudimentarias, asaltaban cuarteles, guarniciones policiales, oficinas gubernamentales y fincas de terratenientes. Mientras tanto, los estadounidenses e ingleses movilizaban buques de guerra para prestar apoyo al general golpista Hernández Martínez (1882-1966). El barco de guerra estadounidense *Rochester* y dos unidades navales canadienses anclaron en Acajutla, el principal puerto marítimo del país.

Si bien, como ya señalamos, en El Salvador no había plantaciones de bananos y, en consecuencia, la United Fruit no tenía propiedades agrícolas, eso no significaba que no tuviese intereses económicos en el país. Por intermedio de una empresa asociada, la Internacional Railways, manejaba las tarifas de transporte que incidían en el comercio exterior, en especial en lo relacionado con Guatemala. Otras empresas norteamericanas, como Standard Oil, con refinería en Acajutla, o la Compañía de Electricidad e Instituciones Financieras, tenían prácticamente el control de la economía salvadoreña, en un entramado con la burguesía local. La insurrección obrerocampesina fue barrida con un saldo de víctimas que algunos autores elevan a treinta mil. El 31 de enero de 1932, un consejo de guerra juzgó y condenó a Agustín Farabundo Martí y a los líderes estudiantiles Alfonso Luna Calderón y Mario Zapata a morir fusilados en el Cementerio General de San Salvador.

En Moscú, durante un seminario internacional en 1976, y mientras cursaba mis estudios de Ciencia Política en la Universidad Nacional de Rosario, conocí a Miguel Mármol. Sus amigos lo llamaban Miguelito. Había vuelto a la vida después de un fusilamiento masivo durante la insurrección popular de 1932, en el que fue dado por muerto.

En largas conversaciones en el comedor de la residencia donde nos alojábamos pude tener de primera mano el testimonio de Mármol, que desgranaba frente a nosotros parte de su historia de lucha, que era también la historia del pueblo salvadoreño.

Con el bagaje de una gran experiencia combativa, nos explicaba las condiciones objetivas que posibilitaron el levantamiento popular. La gran depresión había llevado prácticamente a la ruina al país, que dependía en gran parte de la exportación de café a Estados Unidos.

Miguel Mármol explicaba, con un lenguaje sencillo y claro, la realidad salvadoreña y centroamericana de la década del 30. Puntualizaba las diferencias entre El Salvador y otros países de la región. Subrayaba el poderío aplastante de la United Fruit entre las "repúblicas bananeras". Honduras era un caso especial para analizar la penetración de los monopolios y la complicidad del Estado para eliminar toda competencia. Si bien era el mayor exportador mundial de banano en la década del 20, el monopolio de las industrias fruteras norteamericanas provocó la desaparición casi total de los pequeños y medianos productores independientes hondureños.

Pero la opresión extranjera no estaba sólo en el ramo bananero. También controlaba ferrocarriles, puertos y embarcaderos, la incipiente flota mercante, la mayoría de las instituciones financieras, la telecomunicaciones y la generación y transmisión de electricidad.

En complicidad con la presencia de la United Fruit, una decena de familias salvadoreñas concentraba la riqueza del país. Sobre la base de acuerdos entre estas dos fuerzas, se construyó, desarrolló y fortaleció el Estado, una institución que, cuando lo necesitaron, actuó en defensa de quienes fueron sus creadores. Diez años antes de mi encuentro en la capital soviética con Miguel Mármol, su compatriota Roque Dalton (1935-1975), poeta y escritor, había recogido horas y horas de conversación en Praga, que dieron vida a *Miguel Mármol: los sucesos de 1932 en El Salvador*, un testimonio invalorable de la historia latinoamericana y de la tan mentada neutralidad del Estado en la vida económica.

Los monopolios fijan las reglas

No siempre se recurrió a las armas para la defensa de los intereses particulares de los sectores dominantes de la economía, sin distinción de si eran nacionales o extranjeros.

Argentina es un claro ejemplo de ello. Como producto de la gran crisis que venimos mencionando, Inglaterra, principal socio económico del país, se había reunido en 1932 en Ottawa, Canadá, con sus colonias y ex colonias para reorganizar su comercio exterior, y decidió adquirir en Canadá, Australia y Nueva Zelanda los productos que antes compraba a la Argentina. Los terratenientes argentinos, principales exportadores de carne vacuna, se alarmaron y al mismo tiempo se desorientaron. La metrópolis los había abandonado.

El entonces presidente de la Nación, Agustín P. Justo (1876-1943), protagonista de la Década Infame, con fraude electoral y corrupción, decidió enviar una misión económica encabezada por el vicepresidente Julio A. Roca, hijo (1873-1942), para gestionar acuerdos bilaterales.

En Londres, Roca se reunió con el Ministro de Comercio inglés Walter Runciman. Los ingleses presionaron para poder liberar sus capitales, entonces congelados en Buenos Aires por las restricciones británicas a la importación de carnes argentinas. Las negociaciones estuvieron inmovilizadas varios meses, hasta que finalmente, el 1 de mayo de 1933, se firmó el célebre Tratado Roca-Runciman, por el cual Inglaterra se comprometía a continuar comprando carnes argentinas en tanto y en cuanto su precio fuera menor al de los demás proveedores mundiales.

Como contrapartida, Argentina aceptaba la liberación de impuestos para productos ingleses, al mismo tiempo que tomaba el compromiso de no habilitar frigoríficos de capitales nacionales.

Roca adujo que la Argentina era, desde el punto de vista económico, una parte integrante del Imperio Británico. Otro miembro de la delegación, sostuvo que "la Argentina es una de las joyas más preciadas de su graciosa majestad".

No era una novedad esa relación cuasi colonial. En su clásico trabajo sobre el imperialismo, Vladimir I. Lenin le dedicó una atención especial a la situación argentina:

"Para esa época son típicos, no sólo los dos grupos fundamentales de países –los que poseen colonias y los coloniales–, sino también las formas variadas de países dependientes, que desde un punto de vista formal gozan de independencia política, pero que en realidad se hallan envueltos en las redes de la dependencia financiera y diplomática. Una de estas formas, la semicolonia, la hemos indicado antes. Modelo de otra forma es, por ejemplo, la Argentina".

Más adelante, el líder bolchevique citaba el libro de Gerhard von Schulze Gaevernits llamado *El imperialismo británico y el libre comercio inglés a principios de siglo XX*, obra editada en 1906. Allí, el autor alemán señala que América del Sur, y sobre todo Argentina, se hallan en tal dependencia financiera respecto de Londres, que casi se la debe calificar como colonia comercial inglesa.

En Argentina, diversos sectores repudiaron la firma del Tratado Roca-Runciman, llegando a llamarlo "un pacto de vasallaje". El senador nacional Lisandro de la Torre (1868-1939), opositor al gobierno, denunció el acuerdo en el Parlamento y promovió el debate diciendo:

"El gobierno inglés le dice al gobierno argentino 'no le permito que fomente la organización de compañías que le hagan competencia a los frigoríficos extranjeros. En esas condiciones no podría decirse que Argentina se haya convertido en un dominio británico, porque Inglaterra no se toma la libertad de imponer a los dominios británicos semejantes humillaciones. Los dominios británicos tiene cada uno su cuota de importación de carnes y la administran ellos. Argentina es la que no podrá administrar su cuota. No sé si después de esto podremos seguir diciendo: al gran pueblo argentino salud".

En mayo de 1935, el mismo senador acusó por fraude y evasión impositiva a los frigoríficos extranjeros Anglo, Armour y Swift. Aportó pruebas que comprometían directamente a dos ministros del gobierno nacional: Federico Pinedo, de Economía, y Luis Duhau, de Hacienda.

De la Torre mostró testimonios en los que se establecía claramente el trato preferencial que recibían estas empresas, que prácticamente no pagaban impuestos y a las que nunca se inspeccionaba, mientras que los pequeños y medianos frigoríficos nacionales eran abrumados por continuas visitas de inspectores impositivos. De la Torre probó cómo se ocultaba información contable en cajas selladas por el Ministerio de Hacienda y demostró hasta dónde llegaba la impunidad de los frigoríficos ingleses, tras la firma del pacto Roca-Runciman. Ni una voz, del otro lado, se alzó quejándose porque el Estado tomara parte en los negocios particulares de las empresas.

Un sicario del Partido Conservador, el ex comisario Ramón Valdez Cora, atentó contra la vida de Lisandro de la Torre. En el incidente resultó herido de muerte su compañero de bancada Enzo Bordabehere. "Se conoce el nombre del matador, ahora hace falta conocer el del asesino", sentenció luego el senado en el recinto legislativo.

Más Estado no prescindente

Pero no sólo en el sector cárnico los ingleses obtuvieron beneficios. Se liberó de impuestos la importación de carbón, que era el insumo principal de los trenes británicos. Durante este periodo se crearon también entes reguladores para las carnes y los granos argentinos. El Estado se entrometía cada vez más en la economía, para protección de intereses de los sectores dominantes. Los capitales ingleses lograban prerrogativas que indignaban incluso a grupos que apoyaban al gobierno.

Un caso curioso es la creación del Banco Central de la República Argentina. El autor del proyecto fue Sir Otto Niemeyer, director del Banco de Inglaterra. El Banco Central, emisor único de la moneda argentina, quedó en manos de técnicos que respondían a su presidente, el inglés J. J. Powell, que llegó a Argentina especialmente desde Inglaterra para que se hiciera todo bajo su control.

Arturo Jauretche, un escritor argentino de ideas nacionalistas, describió con ironía cómo fue el proceso de creación del Banco Central, que se hizo "... como aconsejó Sir Otto Niemeyer cuando lo contrataron para crear el Banco. Era inglés e hizo el banco para los ingleses".

Recorriendo la historia latinoamericana, surgen a cada paso ejemplos de cómo el Estado diseñó políticas que contribuyeron a conformar grupos económicos poderosos que, a su vez, en una suerte de ida y vuelta, dominaban el aparato estatal. Es común citar que una docena de familias, en una serie de países, controlan el Estado y concentran la mayor parte de la riqueza nacional.

Podemos seguir revisando ejemplos de Argentina, país cuya magnitud y grado de riqueza potencial permite ver, magnificados, fenómenos comunes a toda América Latina.

Un caso paradigmático es el de la familia Martínez de Hoz, llegada al país en los años del Virreinato del Río de la Plata. Si bien desde su asentamiento en Buenos Aires, los Martínez de Hoz se dedicaron al comercio con Europa, la base de su fortuna se consolida a fines del siglo XIX.

El 4 de octubre de 1878 fue sancionada la ley N° 947, que destinaba un millón setecientos mil pesos para el cumplimiento de la ley de 1867, ordenando llevar la frontera del Estado argentino hacia el sur de la provincia de Buenos Aires y la Patagonia. Esa incursión fue llamada pomposamente Campaña del Desierto", y fue liderada por el general Julio Argentino Roca (1843-1914), dos veces presidente de la Nación y padre del funcionario que luego firmaría el mencionado Tratado Roca-Runciman. La avanzada sobre el sur del país significó el despojo de grandes extensiones de tierra en poder de pueblos originarios, con la muerte de miles de indígenas ensalzada como una gesta épica y patriótica. Todavía hoy, el genocidio en el sur argentino genera indignación y polémica.

En ese escenario histórico, comienza a multiplicarse la fortuna de prominentes familias de la oligarquía terrateniente de Argentina. Una de ellas, la familia Martínez de Hoz, recibe dos millones quinientas mil hectáreas de terreno (extensión casi impensable), como premio al financiamiento prestado a la campaña militar del general Julio Roca.

Educados en instituciones prestigiosas de Inglaterra, entre ellas el Eton College, los Martínez de Hoz ocuparon cargos de responsabilidad en instituciones empresariales como la Sociedad Rural, una referencia insoslayable cuando se estudian factores de poder y grupos de presión en Argentina.

Casi dos siglos después de que los fundadores de la dinastía participaran en el Cabildo Abierto del 22 de mayo de 1810, donde se abrió el camino del primer gobierno patrio, un miembro de la familia tomaba las riendas de la política económica del país.

José Alfredo Martínez de Hoz, hijo (n. 1925), luego de haber desempeñado varios cargos en el área económica, fue nombrado Ministro de Economía por la Junta Militar que tomó el poder en 1976 y que ensangrentó al país con treinta mil víctimas de delitos de lesa humanidad.

El terror dirigido desde el Estado, en el periodo 1976-1983, tiene dos rostros visibles: en el plano político, Jorge Rafael Videla, y en el plano económico, José Alfredo Martínez de Hoz.

Ya no hacía falta presionar o sobornar funcionarios; ahora una de las palancas fundamentales del Estado estaba directamente en manos de quienes las construyeron e instrumentaron para beneficio personal. Ahora, al estilo de un anuncio comercial, el Estado pasaba a ser "atendido por sus propios dueños".

Capítulo 3
La Guerra Fría

"En los dos últimos años visité a varios jefes de gobierno porque creía ingenuamente que estas visitas favorecerían el empeño en el que andaba. Todos eran gobernantes respetables que habían servido más o menos bien a su país. Pero sólo a uno de ellos profesaba esa admiración sin reservas, esa reverencia poco menos que filial que no he sentido por ningún otro político vivo, y sí, en cambio, por muchos intelectuales y artistas (como Popper, Faulkner o Borges): la señora Thatcher".

Mario Vargas Llosa, "Elogio de la Dama de Hierro".

La capitulación nazi y la del Japón significaron el cese de los frontales enfrentamientos armados. El mundo quedó entonces envuelto en lo que algunos autores, entre ellos Eric Hobsbawn, consideran una verdadera Tercera Guerra Mundial, un periodo en el que no había batallas a nivel global, pero sí una evidente voluntad de acometerlas.

Ese escenario particular dominó prácticamente toda la segunda mitad del siglo XX, hasta que se produjo la desintegración de la Unión Soviética, la desaparición del campo socialista europeo y la extinción del Tratado de Varsovia, que funcionaba como contraparte políticomilitar de la OTAN.

Fueron años vividos bajo la amenaza de un enfrentamiento nuclear y la posibilidad de una destrucción mutua entre los grandes bloques. El peligro se acentuó justamente cuando Estados Unidos perdió el privilegio de única potencia nuclear. Moscú construyó su primera bomba atómica en 1949 y, cuatro años después, la bomba de hidrógeno.

A lo largo de más de cuatro décadas se sucedieron episodios que actualizaban el peligro. Durante la Guerra de Corea, el general estadounidense Douglas MacArthur, quien comandó la rendición del Imperio Japonés después de Hiroshima y Nagasaki, propuso utilizar el arma nuclear para impedir la ayuda a las tropas de Corea del Norte. Su intención era establecer prácticamente una frontera artificial, a través de una cortina de material radiactivo. En su cruzada belicista, MacArthur se enfrentó incluso con el presidente Truman, quien finalmente debió relevarlo de su cargo.

Mostrar los músculos nucleares se convirtió en un ejercicio peligroso. Surgieron numerosos grupos pacifistas alertando que el enfrentamiento podía significar el fin de la Humanidad. El reparto territorial acordado al fin de la Segunda Guerra parecía no satisfacer plenamente a todos los actores. Quedaba la impresión de que los acuerdos de las cumbres, en las que habían participado los líderes de Estados Unidos, Gran Bretaña y la Unión Soviética, no habían sido aceptados definitivamente.

Latinoamérica no fue ajena a este escenario. Es más, en no pocas ocasiones concentró el haz de los reflectores. La Crisis de los Misiles, por ejemplo, que involucró a Washington, Moscú y La Habana en octubre de 1962, ilustra sobre lo crítico de este periodo. La Guerra Fría tenía altibajos, pero nunca desapareció del escenario internacional. Y permítaseme una referencia personal. Entre los años 1980 y 1984 trabajé en Moscú como corresponsal del agencia DAN (Distribuidora Argentina de Noticias) y pude vivir esa sensación personalmente. Cuando Ronald Reagan desplegó su plan de la guerra de las galaxias, amenazando con la bomba neutrónica y blandiendo la teoría del golpe nuclear preventivo o primer golpe nuclear, la dirigencia soviética se puso en alerta. La población renovó sus temores. Mis hijos, alumnos de una escuela primaria de Moscú, realizaban simulacros de evacuación y defensa ante la posibilidad de un ataque nuclear.

El fracaso de las negociaciones sobre los euromisiles, las ojivas nucleares estacionadas en Europa, renovó los temores, que recién comenzaron a disiparse cuando Reagan y Gorbachov acordaron firmar tratados de desarme en Ginebra, Washington y Moscú.

El escenario latinoamericano

Si bien alejada del teatro principal de los acontecimientos, América Latina no fue ajena del todo al enfrentamiento inicial entre Washington y Moscú. Para el gobierno estadounidense, encabezado por Harry Truman, lo fundamental era poner una barrera que enfrentara el desafío comunista y acometer la

reconstrucción de Europa. Ese objetivo prioritario no invalida-
ba que hubiese también planes para Latinoamérica.

El eje principal del plan tenía nombre concreto: Tratado Interamericano de Asistencia Recíproca (TIAR); con él, la Casa
Blanca se proponía proteger el hemisferio ante la posibilidad de
un ataque externo.

Finalmente el TIAR se firmó el 2 de septiembre de 1947 en
Río de Janeiro. Puede citarse como una curiosidad, pero que al
mismo tiempo da cuenta de la importancia que le asignaba la
Casa Blanca, que el Tratado Interamericano fue el primero de
ese tipo firmado por Estados Unidos, ya que la OTAN quedaría
constituida recién en 1949.

Sería un error considerar que Estados Unidos pensara, en
la década del 40, que la Unión Soviética era una amenaza directa para América Latina. Toda la planificación estratégica
estaba orientada hacia Europa Occidental. Allí estaba el riesgo
principal.

Ni los analistas políticos, ni los estrategas del Departamento de
Estado, ni los organismos de inteligencia, consideraban a América
Latina como un territorio vulnerable o en peligro de ser atacado
por los soviéticos. Pero Washington tomaba sus recaudos. En uno
de sus artículos, el Tratado Interamericano especificaba que:

"… un ataque armado por cualquier Estado contra un Estado
Americano será considerado como un ataque contra todos
los Estados Americanos, y en consecuencia, cada una de las
Partes Contratantes se compromete a ayudar a hacer frente al
ataque, en ejercicio del derecho inmanente de legítima defensa
individual o colectiva que reconoce el Artículo 51 de la Carta de
las Naciones Unidas".

El politólogo francés Alain Rouquie señala que la idea rectora de estructurar un continente alrededor de la seguridad hemisférica, se correspondía con una frase que circulaba durante
la presidencia de Harry Truman: " un hemisferio cerrado en un
mundo abierto". Apertura sí, pero no en la zona de intereses vi-

tales para Estados Unidos, por cierto extendida desde Alaska a Tierra del Fuego.

Según el latinoamericanista estadounidense Joseph Tulchin, lo que pretendía Washington con el Tratado era:

"… que las naciones del hemisferio aceptaran el liderazgo de los Estados Unidos con respecto a la defensa y abrieran el acceso a sus productos primarios y a sus mercados en beneficio del sistema capitalista mundial".

No sólo lo político militar era lo que contaba. El objetivo económico tuvo también varias aristas. Por una parte, se alentaba a los países latinoamericanos a potenciar su producción para aliviar la situación europea, como objetivo esencial de Washington y, por otra parte, se intentaba limitar los precios de los productos exportados.

Esta política tuvo marchas y contramarchas, pero siempre estuvo en función de los beneficios que Estados Unidos diseñaba y pretendía para sí mismo. En el año 1949, cuando los productos de exportación de Latinoamérica sufrieron un grave deterioro de precios, llegó la orden de bajar la producción. Esa orientación cambió cuando Washington necesitó insumos para la Guerra en Corea. En ese contexto, Joseph Tulchin hace un señalamiento interesante:

"En esta serie de marchas y contramarchas, Washington puso en evidencia los límites de su creencia en una economía internacional libre, y de qué manera su perspectiva global afectaba las políticas regionales y las relaciones bilaterales con naciones del hemisferio occidental".

En estos años de la Guerra Fría se reprodujo un debate sobre por qué en algunos países en desarrollo la teoría comunista podía visualizarse como atractiva. Durante largo tiempo, la opinión más relevante sobre este tema sostenía que las condiciones de pobreza y miseria eran el caldo de cultivo del comunismo. Se trataba entonces de lograr que los países pobres abandonaran esa condición.

La receta para ese objetivo, ya en la década del 40, no variaba mucho de las que se ofrecieron a lo largo de todos estos años posteriores a la Segunda Guerra Mundial, en especial en los tiempos de auge del neoliberalismo. La clave era liberar todas las restricciones sobre el comercio y crear un escenario propicio para las inversiones extranjeras. El mercado se encargaría de resolver los problemas del desarrollo.

Marshall no, Monroe sí

En cada una de las entrevistas que políticos latinoamericanos realizaban con sus pares estadounidenses quedaba claro que la Casa Blanca no era la herramienta idónea para resolver problemas económicos de la región. La llave, según los ideólogos estadounidenses, estaba en liberar las trabas para la inversión extranjera.

A pesar de las continuas negativas, algunos líderes insistieron en el tema de la ayuda en el transcurso de la cumbre de Río, donde debía ser discutido el TIAR.

La respuesta no generó entusiasmo. El propio presidente Truman, ante la requisitoria de un Plan Marshall para América Latina, a semejanza del de Europa, señaló que ese plan ya existía y era la Doctrina Monroe.

Tiempo después, en marzo de 1948, el secretario de Estado George Catlett Marshall (1880-1959), en una Conferencia de Estados Americanos en Bogotá, fue concreto y explícito:

"Supera la capacidad del gobierno de los Estados Unidos financiar más de una pequeña porción del vasto desarrollo requerido. El capital que se necesita año a año debe provenir de fuentes privadas, tanto internas como externas. Como lo demuestra la experiencia de los Estados Unidos, el progreso puede lograrse mejor a través del esfuerzo individual y el uso de recursos privados".

Variaban los funcionarios, pero el discurso era único. Latinoamerica debía regirse por la Doctrina Monroe. En el marco de estructurar lo que Alan Rouquie llama el *sistema interamericano institucionalizado*, Estados Unidos trabajaba para la concreción de la Organización de Estados Americanos (OEA), cuya carta se firmó en Bogotá en mayo de 1948. La flamante organización tenía dos objetivos centrales: la solución pacífica de los diferendos regionales y la seguridad colectiva.

En diversos trabajos que estudian ese periodo de las relaciones entre Washington y Latinoamérica, queda en claro el papel secundario de la región respecto de Europa.

Entre la documentación que avala esa percepción se cita la opinión de George Frost Kennan (1904-2005), director de la Oficina de Planificación de Políticas del Departamento de Estado, quien abordó el tema sin complejos. Dijo Kennan:

"Hay una línea muy definida que separa el problema de la recuperación europea de los problemas de crecimiento económico existentes en el resto del mundo. En Europa se trataba de liberar capacidades de autoayuda que ya estaban presentes. Era un problema de corto plazo. En el resto del mundo no era cuestión de liberar energías existentes sino de crear nuevas. Era un problema a largo plazo".

Esa receta a largo plazo se extiende hasta nuestros días. Y la polémica continúa.

Batalla de ideas

El enfrentamiento y la emulación entre los sistemas capitalista y socialista tuvieron diversas facetas, que se dieron en distintas áreas geográficas.

Lo que podía visualizarse como un simple comentario radiofónico, un artículo periodístico o una tesis académica de posguerra, se inscribía en realidad en el amplio escenario de la Guerra Fría. Europa ocupaba el centro del escenario, pero el combate tenía repercusiones en América Latina. Todo se hacía en nombre de la libertad y, en ese contexto, la cultura fue un arma de vital importancia.

Apenas terminada la guerra, comenzaron a florecer congresos, revistas, clubes de intelectuales, programas de radio, que tenían de antemano el financiamiento necesario.

En muchos de los actores de esta contienda existía el convencimiento de que el escenario esencial de la Guerra Fría era de naturaleza cultural. Jean Cocteau (1889-1963), el célebre intelectual francés, advirtió a Estados Unidos que la salvación no vendría por las armas ni por el dinero. Hacía falta organizar una minoría pensante, porque el mundo estaba expirando; sólo estaba interesado en gastar. Su advertencia estaba dirigida a quienes se hallaban convencidos de que los dólares del Plan Marshall eran suficientes. Los responsables del Plan tomaron debida nota de esta y otras llamadas de alerta, y hubo dinero suficiente para la gran batalla de ideas que se avecinaba.

El propio George Marshall eligió una ceremonia de graduación de Harvard para dejar sentada la base de su proyecto. Europa estaba asediada por fuerzas que atentaban contra los intereses de la Humanidad y de una civilización de hombres libres. Por eso, era urgente la ayuda ante una crisis económica tan profunda, un descontento social extendido y lo que el general estadounidense visualizaba como una confusión política generalizada.

La elección del escenario de Harvard no fue casual. Allí se graduaba una constelación de jóvenes que habrían de conformar parte de la elite que debía organizar el mundo en torno de los valores que el comunismo amenazaba. Fue allí, en ese discurso de junio de 1947, donde se sentaron las bases para el Plan Marshall de salvación europea.

Estando ya en posesión de grandes recursos, de lo que se trataba ahora era de organizar la ofensiva y dar la batalla en todos los terrenos. Pero la reacción del campo socialista no se hizo esperar. Pocos días después de la reunión en Harvard, el diario *Pravda*, del Comité Central del Partido Comunista Soviético, atacaba la propuesta de Marshall y sostenía que era la continuación del denominado Plan Truman, para ejercer presión política mediante los dólares de ayuda y un programa de interferencia en asuntos internos de otros países. El artículo del diario soviético fue sólo el puntapié inicial.

En octubre de 1947 realizó su primera reunión la Oficina de Información Comunista, conocida como Cominform. La batalla de ideas estaba planteada y en ejecución. Las voces de Moscú se dirigían a los intelectuales, subrayando que en los países europeos los mejores representantes del mundo de la ciencia, el arte, la literatura pertenecían al Partido Comunista.

Washington sabía y se preocupaba por la inserción de los comunistas en el mundo cultural europeo, y preparaba un ejército intelectual para el contraataque.

La izquierda y en especial los comunistas decidieron dar el combate a fondo. La ciudad elegida fue París y el formato, un Congreso por la Paz. Éste comenzó a sesionar en abril de 1949. El escritor soviético Ilya Eheremburg, cronista de la Guerra Civil Española, apareció en la sala principal junto al actor, poeta y cantante negro estadounidense Paul Robeson, quien estaba acompañado por el escritor Howard Fast. El comisario francés de energía atómica Frederic Joliot Curie y el poeta Louis Aragón formaban parte del núcleo de anfitriones distinguidos. Charles Chaplin envió desde los Estados Unidos un mensaje de apoyo.

Para dar la imagen de amplitud ideológica necesaria, un sacerdote ortodoxo ruso bendijo la ceremonia inaugural del Congreso parisino y Paul Robeson entonó con voz grave y profunda *Old Man River*. Fue en este Congreso que Pablo Picasso presentó su famosa paloma de la paz.

La batalla estaba planteada, y cada bando alistaba sus actores, no descuidando ninguna herramienta. Es en este momento cuando comienzan a visualizarse con más claridad el papel de organizaciones que, bajo el inocente manto de la lucha cultural, conformaron lo que la británica Frances Stonor Sanders denomina la "OTAN cultural", en su célebre trabajo *Who Paid the Piper? CIA and the Cultural Cold War* (*¿Quién le pagó al gaitero? La CIA y la Guerra Fría cultural*).

Resulta necesario, para comprender algunas de las claves del debate ideológico actual en América Latina, saber lo que ocurría, en el apogeo de la Guerra Fría, en el plano de los denominados *Think Tanks* ("tanques de pensamiento"), por lo general fuertemente ligados a Fundaciones estadounidenses que disponían del generoso financiamiento de fondos de origen desconocido, a veces, y otras, sospechado. Los organismos de inteligencia no eran ajenos al tema. Stonors Saunder asevera que la CIA actuaba como un verdadero Ministerio de Cultura de los Estados Unidos. La aguda periodista inglesa sostiene:

"Un rasgo importante de la acciones emprendidas por la Agencia para movilizar la cultura como un arma de la Guerra Fría era la sistemática organización de una red de grupos privados y amigos dentro de un consorcio. Se trataba de una coalición de tipo empresarial de fundaciones filantrópicas, empresas y otras instituciones e individuos trabajando codo a codo con la CIA, como tapadera y como vía de financiación de sus programas secretos en Europa Occidental".

No quedan dudas, entonces, de quién paga los gastos, porque los gaiteros siguen tocando.

Un tema escandaloso

Para el lector a quien las aseveraciones de Stonors Saunders le puedan parecer excedidas de carga ideológica, se le puede recomendar la lectura de *Legado de cenizas* (*Legacy of Ashes: The History of the CIA*), de Tim Weiner, un periodista del *New York Times* que ha escrito, a mi juicio, el texto más importante sobre la historia de la Central de Inteligencia de los Estados Unidos.

En febrero de 1967, según relata Weiner, el director de la CIA de entonces, Richard Helms, realizaba una gira de inspección recorriendo laboratorios de armamento nuclear cuando le comunicaron que debía regresar inmediatamente a Washington.

La llamada urgente se debía a una publicación que haría en breve la revista mensual *Ramparts*, que reflejaba posiciones de izquierda en el escenario político estadounidense. Este medio afirmaba que la llamada Asociación Nacional de Estudiantes, una agrupación que reunía a estudiantes estadounidenses en todo el mundo, llevaba años recibiendo un generoso sostén económico por parte de la CIA.

Frente a la inminencia de la publicación de *Ramparts,* la CIA advirtió a la Casa Blanca que iba a estallar una tormenta vinculada a la infiltración de la Agencia en organizaciones voluntarias y fundaciones privadas.

Cuando se publicó la noticia, el presidente Lyndon Baines Jhonson (1908-1973) anunció que el número dos del Departamento de Estado, Nick Katzembach, dirigiría una minuciosa investigación para conocer con exactitud las relaciones de la CIA con organizaciones privadas de los Estados Unidos.

Varios íconos de la defensa de la libertad en Europa se revelaron como creaciones de la CIA. Entre ellos estaban Radio Europa Libre, Radio Libertad y el Congreso por la Libertad Cultural. Tim Weiner señala textualmente:

"... todas las pequeñas revistas influyentes que habían florecido bajo la bandera de la izquierda progresista anticomunista, todos los grupos eminentemente respetables que habían servido de canales para el tráfico de dinero y de personas de la CIA, como la Fundación Ford y la Fundación Asia, se hallaban interrelacionadas en un rastro documental de empresas ficticias y organizaciones tapaderas, vinculadas a la CIA".

La investigación demostró que la mitad de las donaciones en ciento sesenta y cuatro Fundaciones eran, en realidad, fondos de la CIA. El estudio de las relaciones históricas entre el gobierno estadounidense, las agencias de inteligencia y las Fundaciones brinda un material muy rico para proyectarlo a la actualidad.

Ford nos "libre"

El entramado es apasionante. No se trataba sólo del dinero en juego. En los días de mayor enfrentamiento en el marco de la Guerra Fría, circulaba una broma: si una organización se presentaba como filantrópica o cultural y en sus estatutos llevaba la palabra "libre", era una tapadera de la CIA.

Ejemplos hay muchos, pero uno de ellos se destaca y está relacionado con la Fundación Ford, quizás una de las más prestigiosas. Fundada en 1936, cobró una mayor importancia al término de la Segunda Guerra Mundial. Se destacó por su actividad en Europa, en el marco del Plan Marshall, en estrecho contacto con la CIA y colaborando en proyectos puntuales.

Esta conjunción de esfuerzos se potenció en el año 1952, cuando Richard Bisell, planificador del Plan Marshall, llegó a la Fundación Ford. Éste es un caso de retroalimentación interesante, porque dos años después, en 1954, Bisell dejó la Fundación Ford para incorporarse directa y plenamente a la CIA.

Richard Bisell merece una atención especial. Como ayudante de Allen Dulles, el poderoso jefe de la inteligencia estadounidense, Bisell tuvo activa participación en acciones que constituyen parte de la historia de la CIA en América Latina, y Tim Weiner lo describe así:

"Un hombre extremadamente cerebral, otro producto de Yale, al que en otro tiempo se lo había conocido como 'Mr. Plan Marshall.'"

Apenas ingresado a la Agencia, a Bisell se le encomendó una de las tareas prioritarias de la Casa Blanca: el ya mencionado derrocamiento de Jacobo Arbenz en Guatemala, a quien acusaban de haber erigido una "cortina de hierro" en su país, después de aprobar un plan de reforma agraria que ponía en peligro las posesiones de la empresa estadounidense United Fruit.

Estados Unidos no estaba solo en la conjura. Anastasio Somoza, desde Nicaragua, ayudaba en el desarrollo de una base de entrenamiento para los golpistas.

En diciembre de 1953, el jefe de la CIA había aprobado oficialmente el operativo golpista, denominado de antemano Operación Éxito, y lo había dotado de un presupuesto de tres millones de dólares. Dulles le encomendó a Bisell, como primera tarea, que pusiese orden en la Operación Éxito, que había sufrido numerosos traspiés atribuidos en su gran mayoría a errores de conducción. El recién ingresado a la CIA cumplió bien su cometido, y Jacobo Arbenz fue derrocado.

No termina en Guatemala la foja de servicios del ex Director de la Fundación Ford. Se le encomendaron tareas en África. Nada menores, por cierto, ya que fue el responsable del asesinato de Patrice Lumumba (1925-1961), el líder anticolonialista y nacionalista congolés. Entre los documentos desclasificados de la CIA, que se conocen como "Las joyas de la familia", está la Operación 5412, destinada a eliminar al entonces Primer Ministro de la República del Congo.

Bisell fue también el artífice de los vuelos espías de los aviones U2, que despegando desde una base aérea en Turquía sobrevolaban territorio soviético. Uno de esos aparatos fue derribado el 1 de mayo de 1960. Su piloto, Francis Gary Powers, fue capturado, y este incidente generó el fracaso de una Cumbre entre el presidente Eisenhower y Nikita Kruschev, pactada para el 16 de mayo de ese año en París.

Richard Bisell hacía caso omiso de las órdenes presidenciales de no instrumentar ninguna acción que pudiese poner el peligro las nuevas relaciones que Estados Unidos pretendía estructurar después de la muerte de Stalin. Y el Jefe de Estado se sintió desautorizado.

Tim Weiner describe que una semana después del incidente del U2, Eisenhower entró en el despacho Oval y dijo:

"'Me gustaría dimitir'. Por primera vez en la historia de Estados Unidos, millones de ciudadanos descubrían que su presidente podía engañarlos en nombre de la seguridad nacional".

En América Latina, Richard Bisell, triunfador en Guatemala, tuvo continuidad en dos operaciones que terminaron en rotundos fracasos. Una de ellas fue la Invasión a Bahía de Cochinos. La otra, conocida como Operación Mangosta, estuvo en ejecución durante varios años y pretendía asesinar a Fidel Castro. Según relata Eric Frattini en su libro CIA. *Joyas de la familia*, estructurado en base a documentos desclasificados:

"… la CIA dio sus primeros pasos para asesinar a Fidel Castro en agosto de 1960, cuando desde la Casa Blanca se ordenó a Richard Bisell, subdirector de operaciones encubiertas de la CIA, ocuparse de este nuevo cometido".

Esa aseveración de Frattini surge de las conclusiones del Informe Church, producto del trabajo de un Comité del Senado, presidido por Frank Church, que investigó actividades de inteligencia de Estados Unidos. Es posible que Bisell no sea el único caso de las relaciones entre la CIA y las Fundaciones. Pero la alta responsabilidad que ocupó en la Agencia, como previamente en la Fundación Ford, ilustran un momento especial de la lucha ideológico y política, y un proceso de retroalimentación interna más que interesante. La duda es si esos nexos existieron sólo en el auge de la Guerra Fría.

El desafío cubano

De la misma manera que la Revolución Rusa significó un nuevo encuadre mundial de la polémica sobre el papel del Estado y la libre competencia en la economía, el triunfo de Fidel Castro provocó una amplia conmoción, en especial en América Latina.

Se ponían bajo la lupa parámetros hasta entonces vigentes en la teoría política, la economía, el ritmo de los procesos de cambio, las vías de la revolución y el papel de los partidos de vanguardia, entre otros.

La Revolución Cubana no sólo puso sobre la mesa de discusión el papel del mercado y el Estado en la economía, sino que decidió emprender la construcción del socialismo en el hemisferio occidental. El desafío fue monumental, y merece una atención especial el debate ideológico generado desde el triunfo de los guerrilleros de Sierra Maestra.

Estados Unidos, recurriendo a un grupo de países que coincidían en el enfoque sobre el peligro cubano, puso en marcha los mecanismos ideados en la OEA para tratar de debilitar y abortar el proceso revolucionario.

En agosto de 1960, la OEA realizó una primera reunión de consulta en San José de Costa Rica. El documento aprobado condenaba con severidad a lo que denominaba "intentos totalitarios y de injerencia de toda potencia extracontinental". El texto de ese documento no contiene referencias directas a ningún país, pero a todos les quedaba claro que se dirigía concretamente a Cuba y a la Unión Soviética, que comenzaba a tejer con Cuba lazos económicos y políticos.

En febrero de 1960, el viceprimer ministro soviético Anastás Mikoyán (1875-1978) visitó Cuba. Moscú concedió a las autoridades revolucionarias un crédito de cien millones de dólares y firmó tratados para la compra de azúcar y la venta de petróleo.

Como dato interesante, merece señalarse que Moscú y La Habana no tenían relaciones diplomáticas, pues habían sido interrumpidas por Fulgencio Batista en 1952. Las relaciones a nivel de Embajada se reanudaron recién en mayo de 1960.

Los sectores que operaban para impedir el afianzamiento del proceso político iniciado con el triunfo de Fidel Castro y sus hombres no recurrían sólo a maniobras diplomáticas en el seno de la OEA.

El vapor francés *La Coubre* llegó al puerto de La Habana transportando un cargamento de armas desde Europa. El 4 de marzo de 1960, la nave sufrió un sabotaje que causó ciento un muertos (entre ellos seis marinos franceses) y más de doscientos heridos.

La ceremonia del sepelio de las víctimas, en la puerta del cementerio Colón, pasó a la historia por dos hechos ocurridos en el mismo acto. Fue allí donde por primera vez Fidel Castro terminó su discurso de despedida con la frase "Patria o muerte". Es en ese día también que Alberto Korda registró la imagen del Che con la boina y la estrella, el retrato llamado "El guerrillero heroico", convertido en el más difundido en la historia de la fotografía.

En el lapso de una semana se profundizó el enfrentamiento entre La Habana y Washington. El 29 de junio de 1960, ante la negativa de los directivos de las refinerías de Texas Oil Company, de la Shell y de la Esso de procesar el petróleo que llegaba desde la URSS, el gobierno cubano intervino las empresas.

Una semana después, el 6 de julio, el presidente Dwight Eisenhower firmaba la ley que suspendía las compras estadounidenses de azúcar cubana. Era la primera acción de la guerra económica, que dos años después se fortalecería con el bloqueo implementado por John F. Kennedy.

La confrontación política sigue y tiene enorme repercusión en América Latina. Ya no es sólo el papel del Estado y el funcionamiento del mercado en la economía lo que está en debate.

El 2 de septiembre de 1960, en un acto público en la Plaza de la Revolución de la capital cubana, Fidel Castro leyó la Primera Declaración de La Habana. El texto no dejaba dudas:

"La Asamblea General Nacional del Pueblo de Cuba condena la explotación del hombre por el hombre y la explotación de los países subdesarrollados por el capital financiero imperialista".

El 3 de enero de 1961, Estados Unidos rompía relaciones diplomáticas con Cuba y cerraba su Embajada en La Habana. Era el inicio de una nueva etapa.

La Casa Blanca vivía a su vez un proceso de transición que no facilitaba una estrategia única frente a Cuba y Latinoamérica en su conjunto. Dwight Eisenhower abandonaba la presidencia, que sería ocupada por John Fitzfgerald Kennedy (1917-1963). El Partido Republicano dejaba ese sitio al Partido Demócrata. En aquellos días, predominaban la sorpresa y confusión frente a las noticias que llegaban desde La Habana.

La derrota de Cochinos

La situación en Cuba fue un factor importante en las elecciones que John Kennedy le ganó al republicano Richard Nixon (1913-1994), a quien, según los historiadores de la Agencia, a medida que se acercaba el día de los comicios, le resultaba más evidente que la CIA no estaba en condiciones de asegurar el triunfo en caso de una invasión a Cuba. Tracy Barnes, quien había sido responsable de la guerra política en la invasión a Guatemala, encargó privadamente un sondeo de opinión pública en Cuba, el cual reveló que la mayoría del pueblo de la isla apoyaba a Fidel Castro. Pero como los resultados no le gustaron, ignoró el informe. Tim Weiner, en *Legado de cenizas*, afirma que John F. Kennedy le contó a dos de sus ayudantes que Allen Dulles, el jefe de la CIA, le había asegurado en el Despacho Oval que lo de Bahía de los Cochinos sería un éxito:

"Señor presidente, aquí mismo, ante el escritorio de Ike [el presidente Eisenhower], le dije que estaba seguro de que nuestra operación en Guatemala sería un éxito, y señor presidente, las perspectivas de este plan, son aún mejores que las de aquel".

La historia mostró todo lo contrario y la invasión se constituyó en la primera derrota militar de Estados Unidos en la región, lo que significó un duro impacto para las relaciones interamericanas.

En el sepelio de las víctimas de los bombardeos que precedieron a la invasión en Playa Girón y Playa Larga, Fidel Castro proclamó el carácter socialista de la Revolución Cubana. "Ésta es la revolución socialista y democrática de los humildes, por los humildes, para los humildes", dijo. En Cuba ya no habría marcha atrás. Para Estados Unidos, el ataque frontal y armado había fracasado. Habría que ensayar otras vías.

Nace la Alianza para el Progreso

Frente a la profundización del conflicto en América Latina, la Casa Blanca decidió dar un golpe de timón y organizó en agosto de 1961 la quinta sesión del Consejo Interamericano Económico y Social.

La cita fue en Punta del Este. En la reunión participaron todos los países miembros de la OEA. La delegación cubana estuvo presidida por el Che Guevara. En la ciudad uruguaya fue aprobada la Alianza para el Progreso, una iniciativa del presidente Kennedy destinada a enfrentar el desafío que imponía la

Revolución Cubana y que, en lo fundamental, constituía un plan de asistencia al desarrollo de la región.

Perduraba todavía el recuerdo y la desconfianza del Plan Marshall, en el periodo en el cual todos los esfuerzos estaban encaminados a fortalecer Europa. En las cancillerías latinoamericanas, quince años después, no se había cerrado el descontento que produjo la brecha entre Europa y América Latina en cuanto a las prioridades de los programas de ayuda de la administración Truman. Un dato que ayuda a entender mejor esta cuestión señala que Bélgica y Luxemburgo recibieron, en ese periodo, más ayuda económica que toda América Latina.

En el marco del debate incipiente, pero que abarcaba amplios sectores académicos de la región, se analizaba con profundidad lo que significaba en realidad la Alianza para el Progreso. Incluso funcionarios que trabajaban en organismos internacionales, como CEPAL (Comisión Económica para América Latina), visualizaban la iniciativa de Kennedy como un mecanismo más para fomentar las exportaciones de los Estados Unidos.

La reunión en el balneario uruguayo significó la primera batalla ideológica, cara a cara, entre los defensores de la iniciativa de Kennedy y Ernesto Guevara, como vocero de la Revolución Cubana ya proclamada socialista.

A poco de comenzar su discurso el Che, quedó claro que no iba a ser una reunión común, que habría polémica y duro enfrentamiento. Guevara señaló:

"Tengo que decir que Cuba interpreta que ésta es una Conferencia política, que Cuba no admite que se separe la economía de la política y que entiende que marchan constantemente juntas. Por eso no puede haber técnicos que hablen de técnica, cuando está de por medio el destino de los pueblos. Y voy a explicar, además, por qué esta Conferencia es política; es política, porque todas las conferencias económicas son políticas; pero es además política, porque está concebida contra Cuba, y está concebida contra el ejemplo que Cuba significa en todo el continente americano".

En este párrafo está contenido el eje de la discusión que todavía persiste. La relación entre la economía y la política, y en ese marco, la relación del mercado, el Estado y el desarrollo y la profundización de un proceso democrático.

La iniciativa de Kennedy, que nació con mucho énfasis, sufrió los avatares de la política interna y externa de Estados Unidos. Dos años después de la reunión en Punta del Este, el presidente estadounidense fue asesinado. Su sucesor, Lyndon Johnson (1908-1973), en poco tiempo profundizó el compromiso de Estados Unidos con la aventura militar en Vietnam.

Paralelamente, en 1965, Johnson ordenó la invasión a República Dominicana, con la complicidad de la OEA.

Como en otras oportunidades, la región fue la moneda de cambio de la política exterior de la Casa Blanca. Estados Unidos se empantanó en Vietnam y primó la estrategia global por sobre las necesidades de los países al sur del Río Grande.

En ese contexto, la Alianza para el Progreso comenzó a languidecer y finalmente se extinguió. La propia prensa estadounidense daba cuenta del fracaso. Las críticas estaban centradas en las esperanzas exageradas que se habían puesto en ella para modificar el rostro de América Latina.

Pronto llegó la desilusión, y una nueva ola conservadora.

Las fronteras ideológicas

En 1962, Cuba finalmente fue excluida de la OEA. Esta decisión fue tomada mediante una Resolución adoptada en la octava cumbre en Punta del Este, en enero de 1962. La resolución se produjo con el voto en contra de Cuba y con varias abstenciones, entre ellas las de Argentina, Bolivia, Brasil, Chile y Ecuador. México votó en contra de la exclusión.

Con los años quedó en evidencia la fragilidad de ese mecanismo. Hoy Cuba tiene relaciones con todos los países de América Latina y el Caribe, incluso ha sido invitada a reincorporarse a la OEA.

La expulsión de Cuba del organismo interamericano aceleró algunas medidas impulsadas por John Kennedy, quien el 3 de febrero de 1962 ordenó un bloqueo económico, comercial y financiero a Cuba, una medida vigente hasta hoy.

Al día siguiente, Cuba le respondió con una movilización multitudinaria en la Plaza de la Revolución, donde se aprobó la Segunda Declaración de La Habana. En un claro desafío a la ofensiva de Washington, el texto proclamaba que "el deber de todo revolucionario es hacer la revolución".

En octubre de 1962, el mundo estuvo al borde del enfrentamiento nuclear en la denominada Crisis de los Misiles, que enfrentó directamente a Washington con Moscú, con base en una disputa por la instalación de artefactos nucleares de origen soviético en territorio cubano.

En el ánimo del Pentágono y del Departamento de Estado, se visualizaba el peligro de la subversión comunista en Latinoamérica. A esto se sumaba la crítica situación en el sudeste asiático, en especial en territorio vietnamita.

Para ello era necesario diagramar una nueva doctrina en defensa del hemisferio, poniendo el acento en la seguridad interior.

Washington comenzó entonces una nueva etapa en cuanto a las ayudas a los distintos ejércitos latinoamericanos. Los militares adquirieron mayor relevancia en la política regional y asumieron la responsabilidad no sólo de controlar las fronteras, su misión era combatir el comunismo y defender el mundo libre. Estos objetivos incluían también custodiar la libre empresa y la libertad de mercado.

Comienza entonces el ciclo de golpes de Estado, con una matriz común de diseño elaborada en la Escuela de las Américas, una institución establecida en Panamá, en 1946. En 1984 fue trasladada a Fort Benning, en el estado de Georgia. En 2001 cambió de nombre y pasó a llamarse Instituto del Hemisferio Occidental para la Cooperación en Seguridad.

Si bien hace años que no se suministra la lista de alumnos, se calcula que, a lo largo de su historia, esta escuela entrenó a más de sesenta mil miembros de las fuerzas armadas. Una larga lista de graduados de esta escuela fueron líderes de los golpes militares.

El ciclo de esos golpes en la década del 60 comenzó en Brasil, en marzo de 1964, con el derrocamiento de João Goulart (1918-

1976). La acción militar en contra de Goulart tenía el libreto del Pentágono. Se acusaba al presidente brasileño de la adopción de medidas de tinte izquierdista, en especial de la injerencia del Estado en la economía.

Para el golpe trabajó desembozadamente el embajador estadounidense Lincoln Gordon, que alentaba a su gobierno a no retacear apoyo a los militares golpistas y usar todas las herramientas políticas, económicas, militares y de inteligencia (léase la CIA) para el triunfo de los conjurados.

El derrocamiento de Goulart, Gordon lo consideraba algo imprescindible. Luego de la ruptura constitucional, declaró con toda franqueza que él personalmente hubiera preferido el alejamiento de Goulart como consecuencia de un juicio político o por obra de otro medio legal. Pero no hubo más remedio que recurrir al movimiento encabezado por el mariscal Humberto Castello Branco.

En cables secretos luego desclasificados, Gordon alertaba a la Casa Blanca que Brasil, bajo la dirección de Goulart, y por su importancia económica y estratégica, se podía convertir en la China de la década del 60.

Sería inocente pensar que Lincoln Gordon actuaba como un francotirador. Su actuación, en todo caso, estaba basada en los lineamientos de la denominada Doctrina Mann, que era uno de los ejes de la política de Lyndon Johnson para América Latina.

El nombramiento de Thomas C. Mann como Secretario de Estado Adjunto para Asuntos Interamericanos marcó un momento especial para la región.

Mann, que asumía la responsabilidad de coordinar la Alianza para el Progreso y a quien John F. Kennedy había designado embajador en México, era conocido por ser partidario de una política menos generosa en los planes de ayuda y gestor de una línea dura anticomunista. Fue en realidad él quien diseñó la estrategia del presidente Johnson en la región.

En un mensaje dirigido a los embajadores latinoamericanos, reunidos en Washington el 19 de marzo de 1964, Mann formuló la doctrina que llevaría su nombre. Sin subterfugios, el diplomático enfatizó que Estados Unidos no tolerarían que el comunismo llegara al poder en algún país de la región. Adelantó también que Estados Unidos emplearían todos sus recursos para resguardar a cualquier república "cuya libertad sea amenazada por fuerzas impuestas más allá de las costas de este continente". Se comprometió, además, a impulsar el crecimiento económico y a proteger las inversiones privadas estadounidenses.

La enunciación de la doctrina Mann señalaba claramente que la administración Johnson no mostraría escrúpulos en cooperar con dictaduras militares. El eje de aceptación estaba condicionado a que el gobierno liderado por esos militares fuese anticomunista, hospitalario con el capital extranjero y accesible al consejo económico de los expertos estadoundenses.

Mientras Washington seguía con la elucubración de teorías de contención, aplaudidas por sus socios en distintos países, América Latina entraba en un proceso de ebullición política e ideológica, que sería el signo distintivo de las décadas venideras.

Capítulo 4
El debate latinoamericano

"… creo que la insurrección zapatista en Chiapas debe ser condenada sin eufemismos, como un movimiento reaccionario y anacrónico. En la utópica hipótesis de que conquistara el poder no disminuiría la corrupción ni aumentaría en un ápice la limitada libertad que goza el pueblo mexicano, más bien la trocaría en un verticalismo totalitario y asfixiante, y además de dictadura política infligiría a México en el campo social y económico lo que –sin una sola excepción– han traído siempre a los pueblos el estatismo y el colectivismo: un desplome de su aparato productivo y una pobreza generalizada…"

Mario Vargas Llosa, "México en llamas".

En el ámbito latinoamericano fue notorio el papel movilizador de la Revolución Cubana en cuanto al análisis de las causas por las cuales la región estaba sumida en el subdesarrollo, el atraso y, en algunos casos, en la miseria.

Era un momento muy especial, en un escenario donde se profundizaban contradicciones en el sistema capitalista mundial, se constataban avances en el campo socialista y en la ampliación del proceso de descolonización mundial. Paralelamente, un pequeño país del Caribe se declaraba socialista a ciento cuarenta y cinco kilómetros de Estados Unidos.

Estos procesos, que involucraban a millones de personas en todo el mundo, provocaron un gran impacto en el plano de la teoría, sólo comparable con el debate que generó el triunfo leninista en Rusia, en 1917. Se multiplicaron los esfuerzos de politólogos, economistas y sociólogos para comprender y explicar lo que sucedía al sur del río Grande.

Como parte de esa movilización teórica, tiene importancia puntualizar la formación de CLACSO (Consejo Latinoamericano de Ciencias Sociales), que tuvo su punto de partida en 1964, luego de la Conferencia sobre Sociología Comparada organizada por el Instituto Torcuato Di Tella de Buenos Aires, con el copatrocinio de la UNESCO.

Por iniciativa de los participantes latinoamericanos, se aprobó una resolución mediante la cual se daban los pasos iniciales para la constitución de un organismo encargado de promover la coordinación y articulación entre los centros dedicados a la docencia y la investigación en ciencias sociales de la región. Es evidente que los académicos tomaron el pulso de los acontecimientos y visualizaron la necesidad de constituir un organismo para una cooperación más activa y directa entre diversas instituciones.

Dos años más tarde fue convocada la Comisión Organizadora que contó con la participación de destacados intelectuales latinoamericanos, como Enrique Oteiza, Aldo Ferrer, Osvaldo Fals Borda, Felipe Herrera, Helio Jaguaribe, Raúl Prebisch y Víctor Urquidi.

En octubre de 1966, en Caracas, en la Universidad Central de Venezuela, tuvo lugar la Primera Reunión Latinoamericana de Directores de Centros e Institutos de Investigación en Ciencias Sociales, ocasión en la que se constituyó una nueva Comisión Organizadora.

El 14 de octubre de 1967 se llevó a cabo en el CEDES de la Universidad de los Andes, Bogotá, la Segunda Reunión de Directores de Centros e Institutos de Investigación en Ciencias Sociales, donde la mencionada Comisión presentó la propuesta que establecería formalmente la creación del Consejo Latinoamericano de Ciencias Sociales (CLACSO). En la oportunidad, se aprobaron los estatutos fundacionales, se eligió el Comité Directivo, se designó a Aldo Ferrer como primer Secretario Ejecutivo y fueron nombrados los coordinadores de las Comisiones y Grupos de Trabajo, encargados de estructurar las actividades académicas.

El rol de la CEPAL

En 1968, la Asamblea General de CLACSO, en Lima, profundizó el debate y se analizaron distintos puntos de vista de la realidad latinoamericana. Una de las exposiciones destacadas correspondió al brasileño Helio Jaguaribe, quien describió dos vías de acceso a la problemática de Latinoamérica.

En primer lugar, el estancamiento, la desnacionalización y el atraso relativo de la región. En segundo término, el crecimiento de la tensión social y su implicancia en el escenario político.

El intelectual brasileño se interrogaba acerca de la visualización de estos procesos por parte de la clase dirigente, y si tenían conciencia de los que significaban esos factores en la dinámica política latinoamericana.

La ponencia generó un amplio debate, sin que se llegara a consensos unánimes.

Hubo coincidencia en que organismos como la CEPAL (Comisión Económica para América Latina), de Naciones Unidas, y la entonces ya agonizante Alianza para el Progreso habían tenido poco éxito en crear conciencia en los grupos dominantes de América Latina y de Estados Unidos. Si la ceguera seguía predominando en esos sectores, a juicio de muchos participantes, el camino revolucionario sería inevitable.

Ya en esa reunión, se escucharon opiniones contrarias a las recetas del FMI para el abordaje de los problemas. Comenzaron a propagarse en Lima términos novedosos para describir lo que sucedía en la región.

Se hablaba de "modelo satélite" para referirse al esquema en curso, y de la perspectiva de que en su reemplazo se estableciera el "modelo revolucionario". Se trataba de avanzar en proposiciones para alcanzar un grado intermedio, al que bautizaron Madial (Modelo autónomo del desarrollo e integración de América Latina).

¿Que desafíos debía abordar la propuesta de un nuevo modelo?

Según la argumentación de Jaguaribe, había tres aspectos insoslayables:

1. El estancamiento económico, político, social y cultural.

2. La marginalidad, que incluye varios aspectos:

Una marginalidad relativa respecto de los países y regiones que más crecieron en el mundo.

Una marginalidad creciente intrarregional, que envuelve a los países menos adelantados respecto de los más adelantados.

Una marginalidad dentro de cada uno de los países, respecto de los diversos sectores de la economía y sus trabajadores.

3. La desnacionalización de la región, que también se expresa de distintas maneras:

a. Una desnacionalización referida a los sectores estratégicos de la economía, transferidos de diversas formas el control de esos sectores, a grandes empresas multinacionales, en especial estadounidenses.

b. Una desnacionalización cultural, en la que adquiere relevancia la dependencia científico-tecnológica, que ya se visualizaba entonces como una de las trabas para el crecimiento.

c. Una desnacionalización en el plano político militar, a través del control que ejercían en la región instrumentos con orígenes en Washington, que tenían como eje el enfrentamiento del "mundo libre", del cual formaban parte los países latinoamericanos, y el "bloque comunista".

Los participantes de la reunión de CLACSO, si bien no se atribuían la paternidad exclusiva de estas formulaciones, dejaban sentado que no en todos los organismos (y se hacía mención especial de la CEPAL) se encontrarían puntualizaciones concretas sobre la desnacionalización de los sectores estratégicos de la economía; y menos aún, de la desnacionalización político-militar.

Para decirlo con las propias palabras de Jaguaribe:

"...los estudios de la escuela monetarista [sobre todo si incluimos en ella, en la línea neoliberal, a todos los que insisten valorativamente en la preservación intransigente de la libre iniciativa) reconocerían apenas el primer aspecto, el del estancamiento, y con cautela, el segundo, el de la marginalidad, negándose a reconocer, si no el hecho, por lo menos el sentido y la importancia del proceso de la desnacionalización".

La posibilidad de un modelo autónomo

En realidad, todas las usinas que trabajaban entonces, y también ahora, en la preservación a ultranza de la libre iniciativa como motor de crecimiento, tenían las mismas características que la denominada *escuela monetarista*.

Retomado el razonamiento de que el modelo satelizante lleva directamente a la revolución por el estancamiento, la marginalidad y la desnacionalización, es necesario indagar en qué consiste la alternativa denominada *modelo autónomo*, que también era resistida por los defensores del libre mercado.

En primer lugar, debe subrayarse que el modelo autónomo impulsaba el predominio de los capitales nacionales. Estructuraría formas graduales de nacionalización de capitales extranjeros de inversión. Este proceso se integraría con expropiaciones y, en parte, con caducidad automática de privilegios. Para la viabilidad de este modelo es necesario un proceso de integración regional. Le tocó al doctor Aldo Ferrer analizar la necesidad de ese proceso de integración regional de América Latina.

El economista argentino subrayó que existía el temor a que la integración latinoamericana fuese dominada por las grandes corporaciones extranjeras. Esta cuestión era importante en las industrias básicas, donde era evidente el peso de las corporaciones transnacionales. Ferrer reconocía que las corporaciones ocupaban posiciones dominantes en los principales sectores de las industrias dinámicas en América Latina: automóviles, electrónica, mecánica y química.

Esas corporaciones tenían un gran desarrollo, ya que producían para los mercados nacionales logrando así un poder gravitante en cada país, con base en su poder financiero y tecnológico superior al de las empresas nacionales públicas y privadas.

La única solución, a juicio de Ferrer, era la integración regional con exportación de manufacturas.

Pero estaba claro que habría resistencias. Ferrer proponía entonces un camino: el de convencer a las corporaciones, con una hábil negociación, para que se adaptasen a las necesidades de América. Hubo coincidencia entonces de que la propuesta era muy difícil de implementar. Había que convencer y hacer coincidir a los sectores defensores de un camino autónomo y nacional, con los que proponían un proyecto que, en la gran mayoría de los casos, era claramente antinacional.

Muchos de los participantes de la Conferencia acordaron que para un modelo autonómico se necesitaba prácticamente la misma acumulación de fuerzas que para un proyecto revolucionario.

La problemática del desarrollo

En un trabajo publicado en 1970, Fernando Henrique Cardozo y Francisco Correa Weffort se preguntaban si se puede hablar de una "sociología latinoamericana". La respuesta era categórica:

"No, por cierto, si la expresión supone unidad de marco teórico. Entretanto no puede negarse que detrás de las numerosas diferencias, algo común se impone a los sociólogos latinoamericanos, y se sobrepone a sus preferencias teóricas aunque sin diluirlas. En efecto, es posible distinguir en los trabajos de la mayoría de los sociólogos latinoamericanos, bajo las distintas formas dictadas por la diversidad de sus orientaciones teóricas una problemática latinoamericana del desarrollo. La preocupación por el desarrollo ha sido el tema de toda una generación. Tema casi obligatorio en la producción sociológica de los últimos decenios".

El subdesarrollo no era un hecho reciente en América Latina. En todo caso, lo novedoso era la toma de conciencia del atraso a nivel masivo y, paralelamente, la convicción de que en los países pobres no es imposible aspirar al progreso.

En este escenario, hasta los defensores a ultranza de la ortodoxia del mercado comenzaron a aceptar a regañadientes el camino de la industrialización de signo nacional, los mecanismos de protección arancelaria, los subsidios y, en general, la acción del Estado para diversificar la economía y elevar el nivel de ingreso de la población.

El mexicano Alonso Aguilar Monteverde, en su trabajo *Reflexiones sobre el subdesarrollo*, escrito en 1967, mira más allá de los límites académicos y sostiene:

"Los gobiernos pronto comprendieron que el desarrollo económico era, además, una bandera política que podía enarbolarse con éxito, en tanto que los pueblos hicieron del desarrollo una exigencia ligada estrechamente al deseo de vivir mejor, al convencerse de que el atraso económico no es algo fatal o inevitable, sino un estado de cosas transitorio, susceptible de modificarse y aun de superarse definitivamente, mediante un esfuerzo colectivo consciente, sostenido y resuelto".

En dicho trabajo, Aguilar Monteverde sostiene que la realidad latinoamericana no es una suma de casualidades. La explicación no se encuentra en el presente ni aun indagando en las últimas décadas. Para entender sus causas profundas y poder superar los obstáculos más tenaces al desarrollo:

"... es preciso hurgar en el pasado y tratar de reconstruir el proceso histórico que, en los últimos cuatro siglos, determinó que mientras algunos países se industrializaban, muchos más quedaran a la zaga y aun se convirtieran en víctimas del desarrollo".

Es interesante puntualizar que existía un intento de abandonar la mera reconstrucción del pasado de manera aislada, y de hacer un recuento del latifundismo, del trazado de los ferrocarriles en función de necesidades del exterior, de la localización de industrias sin sentido nacional o el carácter expoliador de las explotaciones mineras.

Este enfoque puede ayudar a una mejor comprensión de la realidad, pero es insuficiente, pues puede conducir a errores.

Existía el peligro de caer en un estudio histórico superficial, que culminara en un análisis fragmentado y no abarcativo de la totalidad del fenómeno del subdesarrollo y la interacción de sus componentes. Ese tipo de análisis nos podía llevar a que nunca se penetrara en las entrañas del tejido social de Latinoamérica.

Aguilar Monteverde, en el transcurso de su trabajo, hace una aseveración de gran importancia para el futuro de la teoría política latinoamericana:

"Contra lo que algunos historiadores y economistas suponen a menudo, el capitalismo es el trasfondo de toda la historia moderna de América".

Esa postulación, como se verá más adelante, será el eje de una disputa sobre la etapa revolucionaria de la región.

¿Cuestión de carácter?

Estos temas, que acaparaban la mayor atención de los estudiosos latinoamericanos, también comenzaron a impactar en círculos estadounidenses. Los resultados no fueron alentadores. Los trabajos académicos que llegaban desde el sur comenzaron a levantar escozor en los círculos libre empresistas de Estados Unidos y de sus aliados latinoamericanos. Los propios estudios de la CEPAL comenzaron a mirarse con recelo desde Washington y resultaban sospechosos.

El profesor Harry Stark, en su trabajo *América Latina moderna* (*Modern Latin America*), publicado en 1957 por la Universidad de Miami, sostiene que el problema radica en que los latinoamericanos, a diferencia de los flemáticos sajones, son impulsivos y emocionales. No termina allí la caracterización. Los latinoamericanos prefieren el camino corto, no saben esperar. Los entusiasma oponerse a todo, no tienen propuestas, son extremistas y egocentristas.

Describir la situación de atraso en Latinoamérica con base en diagnósticos de corte psicológico, hábitos mentales y de conducta, se convirtió en una constante de los trabajos de estudiosos estadounidenses. Polemizando con esos enfoques, el laureado economista argentino Raúl Prebisch sostenía:

"Los males que aquejan a la economía latinoamericana no responden a factores circunstanciales o transitorios. Son expresión de la crisis del orden de cosas existentes y de la escasa aptitud del sistema económico –por fallas estructurales que no hemos sabido o podido corregir– para lograr y mantener un ritmo de desarrollo satisfactorio. La estructura prevaleciente opone un serio obstáculo, porque entorpece la movilidad social, determina una inadecuada distribución de la riqueza y el ingreso y condiciona desfavorablemente la acumulación de capital".

En este largo periodo de debate académico, que en su esencia polemizaba con propuestas como la de la Alianza para el Progreso y otras similares, es interesante enfocar algunos ensayos de políticas gubernamentales, conocidas como *desarrollismo*.

La panacea del desarrollo

Nacido intelectualmente en Brasil, a través de los trabajos del Instituto Superior de Estudios Brasileños, creado en 1955, el armazón ideológico desarrollista sirvió de sostén al gobierno de Juscelino Kubitschek (1902-1976), quien gobernó Brasil en el periodo 1956-1960.

La corriente desarrollista tuvo también impulso en Argentina, durante el periodo de gobierno de Arturo Frondizi (1908-1995), en los años 1958-1962.

Las tesis desarrollistas no ofrecen complejidad en su elaboración. Todo está resumido en lograr el crecimiento industrial, al que identifican como sinónimo de progreso y civilización.

La propuesta desarrollista tuvo, en sus inicios, un elevado consenso, en especial en la burguesía urbana, comercial e industrial.

Los sectores dominantes del campo no sintieron temores frente al proyecto desarrollista, porque la reforma agraria propuesta no cuestionaba la concentración en la tenencia de la tierra. Lo decisivo era la construcción de rutas, llevar energía eléctrica al campo y, consecuentemente, incentivar la tecnificación del sector.

Alain Rouquie, al analizar este proceso, sostiene:

"… ese neocapitalismo dinámico, sólo secundariamente social, no se opone en absoluto a los intereses tradicionales, a los que se les pide apenas que se modernicen un poco. Los partidarios de este nuevo culto del progreso conciben la alianza de clases indispensable para su proyecto como la subordinación del enfrentamiento entre patrones y trabajadores a los objetivos comunes de desarrollo".

En medio del proceso social latinoamericano, que en su dinámica se convierte en fuertemente crítico de la situación, el desarrollo, tal cual lo concebían programas como la Alianza para el Progreso, pasaba a convertirse en una especie de antídoto ante la posibilidad de una revolución popular semejante a la cubana. La preocupación por el desarrollo era, en realidad, el intento de asegurar el *statu quo*, la permanencia del orden social vigente y el mantenimiento del poder de los sectores dominantes. En estos casos, el interés por el desarrollo era, en lo esencial, un plan conservador.

El desarrollo adquiría característica de un verdadero mito y se identificaba con la grandeza de la Nación, que se conseguía simplemente por medio de la industria y la técnica.

Para avanzar en ese sentido, era necesario prácticamente borrar ideologías, hacer desaparecer la distinción entre derecha e izquierda. La contradicción fundamental era entre el desarrollo, que se identificaba con lo moderno, en oposición a lo viejo, lo arcaico.

Para llegar a esa construcción teórica, era necesario también prescindir del origen de los capitales: extranjeros o nacionales daban lo mismo. Esta concepción cuestionaba las teorías nacionalistas. Se ponía en marcha la profundización del proceso de desnacionalización, al que aludieran los integrantes de CLACSO en la reunión en Lima.

Las posiciones desarrollistas generaron, en su momento, una serie de críticas, que en lo esencial se centraban en las bondades del capital extranjero en cuanto a motores del desarrollo económico. El eje de la controversia era si al capital extranjero es posible manejarlo y orientarlo en beneficio de toda la sociedad.

Por otra parte, el desarrollismo, a juicio de sus críticos, presupone la acepción del sistema capitalista como única forma de organización económico-social. En ese escenario, aun mediando propósitos genuinos, la concepción desarrollista sólo trata de negociar la dependencia.

En Brasil, durante la presidencia de Kubitschek, paralelamente al plan industrializador hubo una gran dosis de voluntarismo. El lema presidencial "Cincuenta años en cinco años" fue un signo de ese esquema, del cual formó parte también la construcción de Brasilia, la nueva capital del país.

En el gigante latinoamericano, el crecimiento industrial alcanzó cifras cercanas al 10%, lo que generó sentimientos dispares. Teniendo en cuenta que esos éxitos se debían en parte a un crecimiento de los gastos estatales, provocaba horror en los círculos monetaristas. Paralelamente, en el sector popular se notaba insatisfacción, porque ese crecimiento no se verificaba en la misma proporción en la distribución de ingresos.

Contradicciones y fracasos

Para Arturo Frondizi, la aplicación del plan desarrollista en Argentina se convirtió en un trabajoso forcejeo, en el que se mezclaron cuestiones políticas, militares, sindicales e ideológicas.

Frondizi ganó las elecciones en 1958 gracias a un acuerdo electoral con el peronismo, que entonces estaba proscrito. Pero el idilio con las masas peronistas, y en especial con el sector trabajador, duró muy poco. Un plan de estabilización con recetas del FMI lo llevó al enfrentamiento con los sectores populares y los sindicatos influidos por el peronismo.

La apertura al capital extranjero se realizó de manera audaz, y el país ingresó en un proceso de industrialización, con rasgos anárquicos, en el que sobresalían la industria automotriz y sectores tecnológicos.

La industria petrolera merece un capítulo especial.

A fines del año 1954, luego de ser electo presidente del Comité Nacional de la Unión Cívica Radical, Arturo Frondizi publicó *Petróleo y política*, libro-denuncia sobre la actividad de las empresas petroleras en Argentina, y propuso el monopolio de la empresa estatal Yacimientos Petrolíferos Fiscales (YPF) sobre el sector. El libro se transformó en un texto de consulta durante los debates sobre los contratos petroleros firmados por Perón y la Standard Oil, de California. A partir de allí, la figura de Frondizi se proyectó a un primer plano de la escena política nacional.

A poco de asumir la presidencia y contrariando las ideas expresadas en su libro, Frondizi firmó contratos con firmas petroleras extranjeras a las que se les asignó todo tipo de facilidades comerciales y ventajas impositivas, incluso el giro irrestricto de las ganancias al exterior. Si bien la producción petrolera aumentó, Argentina no logró equilibrar la balanza de pagos ni la comercial, porque los acuerdos engrosaron notablemente el déficit.

El cambio de su política en materia petrolera respecto de su libro generó una ríspida discusión en sus propias filas, que se saldó con la renuncia de un grupo importante de legisladores a las bancas del Congreso Nacional.

Enfrentado con los sectores populares que rechazaban su plan de ajustes, Frondizi era al mismo tiempo jaqueado por sectores militares que le endilgaban presuntas ideas comunistas. Una entrevista con Ernesto Guevara en Buenos Aires, después de la reunión del CIES (Consejo Interamericano Económico y Social) en 1961 en Punta del Este, motivó un amplio y profundo disgusto militar, que a la postre le costaría ser desplazado del gobierno.

Según el relato del Embajador Juan Archibaldo Lanas, al término de la reunión Frondizi-Guevara, que fue respetuosa y cordial, el presidente argentino quedó decidido a hacer los máximos esfuerzos para evitar el alejamiento de Cuba del sistema hemisférico, aun cuando ello le costase críticas y acusaciones.

Frondizi decidió dirigirse a su país por la cadena nacional de radio y televisión. Entre otras cosas, aquel 21 de agosto de 1961 dijo:

"Deseo disipar el equívoco que ha prevalecido en estos días [...] Autoricé personalmente la entrada del señor Guevara al país, cuando se me hizo conocer su deseo de mantener conversaciones con el Presidente de la Nación, y determiné también personalmente las condiciones de su entrada al país con el objeto de evitar cualquier alteración de la tranquilidad pública. Repudiamos la injerencia de potencias extrañas en los asuntos americanos. Esta posición es perfectamente conocida por los dirigentes cubanos. Y así se lo ratifiqué al doctor Guevara. Hubiera sido impropio de la responsabilidad que la propia familia americana le asigna a la Argentina negarse a recibir al representante de un gobierno americano, por más opuestos que sean lo criterios sustentados por uno u otro Estado. Una Nación seria y responsable no debe practicar la política de avestruz, que consiste en eludir los problemas o pretender ignorarlos. Existe un problema cubano y es obligación de todos los estados americanos considerarlo y buscar una solución que convenga a la comunidad americana".

El tono de la alocución de Frondizi exhalaba un halo de "irrespetuosa" soberanía que habrá provocado escozor en muchos, precisamente en aquellos que no estaban dispuestos (ni acostumbrados) a tolerarla. Sus siguientes palabras desnudaban, además, rasgos de evidente hipocresía:

"Solamente los débiles eluden la confrontación con hombres que no piensan como ellos. Ninguno de los estadistas de las grandes naciones occidentales rehúsa hablar con dirigentes de los países comunistas. Nosotros no querríamos ser jamás gobernantes de un pueblo que tiene miedo de confrontar sus ideas con otras ideas".

Como todos los discursos de Frondizi, éste mostró también solidez intelectual, en un momento muy tenso. Pero los militares argentinos, alumnos de la doctrina de seguridad hemisférica, no estaban para disquisiciones intelectuales.

El 18 de marzo de 1962, el peronismo ganó las elecciones en cinco provincias argentinas. Los comicios fueron anulados, lo que provocó una profunda crisis política. Diez días después, luego de que Frondizi reiterara que no renunciaría, que no dejaría el país ni se suicidaría, fuerzas del Ejército ocuparon la casa de gobierno. El presidente fue arrestado y trasladado a la isla Martín García. La combinación del impacto de la realidad cubana en la política nacional, sumado al fracaso del plan desarrollista y el aislamiento presidencial, derrumbaban una vez más la legalidad constitucional en un país latinoamericano.

La teoría de la dependencia

La imposibilidad de transformaciones profundas a través de los programas de desarrollo puso en crisis también a las teorías que los sustentaban

La práctica política, que en un pasado reciente se sustentaba en un plan de desarrollo, dejó de tener vigencia en la conciencia social latinoamericana. Las consignas cambiaron. El desarrollo fue suplantado por la autonomía nacional. La reforma, por la revolución. Tomaba cada vez más cuerpo la convicción de la necesidad de cambios trascendentes, que incluían la transformación e incluso la destrucción del Estado, a partir de la acción política de grupos revolucionarios.

Era evidente un proceso de revalorización de la historia común latinoamericana, y en ese marco se presentaban nuevos desafíos intelectuales. Es allí donde comienza a tomar cuerpo la teoría de la dependencia, que generó un rico y amplio debate en el que participaron numerosos intelectuales de distintos países.

Se discutía en la universidad y en las academias, pero en las calles, la sociedad también daba su opinión.

Theotonio Dos Santos (n. 1936), laureada figura de las Ciencias Sociales del Brasil y uno de los más activos participantes de estos debates académicos, sostenía que la mayoría de los estudiosos de su especialidad se había formado una imagen de América Latina estructurada con base en una situación histórica superada.

El escenario latinoamericano, según el sociólogo y politólogo brasileño, se había modificado profundamente a partir de la década del 50 por los procesos de industrialización y urbanización. Ello hizo que, progresivamente, la región se fuese transformando de una sociedad agraria y campesina a otra más industrial y urbana. Ese cambio en la base económica había generado transformaciones en la estructura social, con la aparición de una importante burguesía industrial y un desarrollo potente del proletariado. Quienes no verificaban esos cambios mantenían la imagen de una Latinoamérica agraria atada al mercado externo, sin desarrollo industrial, con la dominación de una oligarquía rural en sólida alianza con intereses externos.

El tema de los intereses externos se va convirtiendo así en uno de los ejes principales para comprender la realidad latinoamericana, sin dejar de tener en cuenta que el escenario es heterogéneo y que, a veces, una concepción teórica puede no abarcar al conjunto de la región.

Hecha esta aclaración, puede decirse que durante mucho tiempo se consideró que los intereses externos estaban vinculados exclusivamente a la economía agroexportadora y se oponían a la industrialización. Los principales motores de la teoría de la dependencia coincidían en que la industrialización y el capital extranjero confluyen y se convierten en una realidad conjunta.

De esta percepción, surgían algunas conclusiones principales, si analizamos los debates de la época:

Los principales problemas de Latinoamérica se presentan en el marco de un proceso de industrialización capitalista.

Esa industrialización se desarrolla en el marco de la integración capitalista mundial, bajo el dominio de los monopolios.

Este proceso expresaba también su naturaleza contradictoria. En los primeros momentos, la industrialización generó expectativas de que, de ahora (entonces) en más, el mecanismo de decisión se realizaría fronteras adentro y se afianzaría el proyecto nacional.

Lo que se verificó, en realidad, era que el capital extranjero se apropiaba de los sectores más avanzados de la economía y consolidaba los rasgos de la dependencia.

Estado y crecimiento industrial

Es interesante analizar que la industrialización en América Latina reconoce en su historia varias etapas y sucesivas polémicas sobre el papel que en ella jugó el Estado. Así, Alain Rouquié considera tres etapas fundamentales:

Un primer periodo que va de 1860 a 1930, en la que los países latinoamericanos se integran al mercado mundial como proveedores de materias primas, productos mineros o agrícolas. A pesar de este mecanismo exportador, se fomentaron algunas experiencias de desarrollo industrial. Ejemplo de ello son los frigoríficos en Argentina, donde se produce una gran concentración proletaria. En otros países, el incipiente desarrollo industrial se verificaba en los secaderos de café y los ingenios azucareros.

Una segunda fase, de industrialización nacional o desarrollo hacia el interior, comprendida entre 1930 a 1960. La gran depresión de la década del 30 y la Segunda Guerra Mundial, con la reducción de la capacidad de importación y las dificultades lógicas para el conjunto del comercio internacional, obligaron a las economías nacionales a producir lo que no podían comprar en el exterior.

La tercera etapa se ubica a partir de la década del 60, con la internacionalización del mercado interno, acompañada en algunos países de un plan de sustitución de importaciones que se manejó con éxito. En este periodo se alertaba sobre la posibilidad de que América Latina repitiese errores y copiase proyectos ya superados de industrialización. Pero quedó claro, en la actualidad, que la región posee medios naturales para afrontar el desafío industrial de manera diversificada y coherente.

Es interesante analizar el periodo comprendido entre 1930 y 1960, pues entre estos años se verificó un mayor apoyo del Estado y se desplegaron políticas proteccionistas. Es fácil entender que sin este doble mecanismo de acción estatal y proteccionismo, este desarrollo hacia el interior no hubiese sobrevivido.

En este periodo también se registró que después de los primeros pasos dados en el desarrollo de la industria en el área de los bienes de consumo, con escasa tecnología y bajo valor agregado, había llegado el momento de la participación del Estado en el desarrollo de la denominada *industria pesada*.

Un caso interesante se dio en Brasil en la década del 40. Según relata Rouquié, las grandes empresas extranjeras, en especial la US Steel, se negaban a construir una acería. Entonces, el gobierno de Getulio Vargas emprendió la tarea en 1941.

Allí se desató con virulencia el enojo y la presión de los sectores empresarios estadounidenses y sus aliados brasileños, todos embarcados en las teorías de la "libre empresa". Las primeras reacciones hablaban directamente de un giro económico a contramano de la historia. Brasil era un país agrario y una reserva importante de materias primas. Ése era su destino prefijado e inapelable. Hubo, entonces, conceptos verdaderamente descalificadores no sólo desde la sociedad brasileña. La orden que llegaba desde los centros del fundamentalismo de mercado era que Brasil debía seguir exportando su mineral de hierro y no comprometerse en la aventura de producir acero, que seguramente no sabrían utilizar. La decisión del presidente Vargas daba por tierra con la teoría de las "ventajas comparativas", a través de la cual, los países latinoamericanos se especializaban en bienes primarios y debían adquirir los productos manufacturados en el exterior.

Ese pacto económico, al cual adherían a uno y otro lado de la frontera, destruyó todo atisbo de desarrollo de una industria local. Frente a la gran competencia, al principio europea, pero a la que se sumó después Estados Unidos, la pequeña industria nacional se iba debilitando, hasta finalmente desaparecer.

Una década después de la decisión de Getulio Vargas, Brasil era autosuficiente en acero. Cuando el país actual asombra por el impacto de su desarrollo y se ubica junto a Rusia, India, China y Sudáfrica (BRICS) en el grupo de vanguardia de los países emergentes, habría que analizar cuánto tuvo que ver la decisión de Getulio Vargas.

Veamos a continuación cuál era el análisis que se hacía desde los puntos opuestos a las catedrales del libre mercado a ultranza y de la no intervención estatal, o al menos, de la no intervención cuando iba en detrimento de los intereses propios.

Las etapas de la revolución en Latinoamérica

La aparición de los teóricos de la dependencia y el debate sobre el grado de desarrollo capitalista en Latinoamérica generaron una verdadera conmoción, y no sólo en cuanto al debate intelectual. Se ponía en tela de juicio una serie de postulaciones políticas que pugnaban por ubicar la etapa correcta que debía asumir la revolución latinoamericana.

Quienes señalaban que lo fundamental de la estructura económica eran los resabios feudales en el campo, planteaban que la etapa de la revolución era agraria y antiimperialista. Los que privilegiaban el proceso de industrialización y el desarrollo capitalista, veían al socialismo como etapa contemporánea de la revolución. Hubo autores como Carlos Romeo, quien, en el marco de esta polémica, sostenía que:

"... la realidad económica y social de los países de América Latina constituye, pues, una estructura específica que no es ni la estructura capitalista pura, ni la estructura feudal pura, ni tampoco la estructura del capitalismo monopólico".

De esta superposición de estructuras, surgen los distintos enfoques de las etapas revolucionarias. Había entonces un duro enfrentamiento con los análisis políticos marxistas. Se discutía si en los latifundios, las predominantes eran relaciones feudales o capitalistas y, para ello se argumentaba lo relativo al salario; si éste era en moneda o si era en especies.

Las teorías se multiplicaban porque la situación era muy compleja, y en realidad, utilizando la terminología marxista, señalaba Romeo:

"... coexistían relaciones de producción y formas de propiedad de tipo feudal (inquilino o peón, latifundio o gran hacienda), con formas típicas del capitalismo (capital, ganancia, salario, obrero) en un mismo país, en una misma región y en una misma explotación agrícola".

Se verificaba en la práctica una teoría de la dualidad; la existencia simultánea de un sector capitalista moderno y un sector feudal atrasado en las sociedades latinoamericanas, en las cuales lo predominante era el atraso. La cuestión a dilucidar era si esa concepción determinista y mecánica del desarrollo de las sociedades establecía un mecanismo por el cual el capital debía necesariamente prevalecer y desplazar a las relaciones precapitalistas.

La Revolución Cubana, que significó la irrupción de un proceso no ortodoxo según los manuales marxistas, ahondaba la polémica e impulsaba la conformación de numerosas corrientes de pensamiento, que al mismo tiempo servían de soporte a diversos movimientos políticos.

La polémica quedó instalada en el conjunto de los partidos comunistas latinoamericanos, y a ella se sumaron latinoamericanistas de la Academia de Ciencia de la Unión Soviética. Sus opiniones se expresaban en la revista *América Latina* y no siempre coincidían con las opiniones de los documentos de los partidos comunistas. La publicación era dirigida por Sergio Mikoyan (1929-2010), hijo de uno de los líderes históricos del comunismo soviético, Anastas Mikoyan. La revista comenzó a publicarse en 1969 solamente en ruso, y en 1974 se lanzó la versión en español.

Desde otro grupo académico soviético, el que integraban investigadores del Instituto de Economía Mundial y Relaciones Exteriores, aportaban conceptos similares. Uno de sus integrantes, Kiva Maidanik (1929-2006), participó activamente de esa polémica durante el periodo soviético y en la etapa posterior de la desintegración del país. Sus materiales incluían no sólo puntualizaciones sobre teoría revolucionaria, que en Moscú denominaban *teoría del leninismo*, sino también polémicos trabajos que abarcaban la etapa de la revolución, el papel de los partidos de vanguardia y las vías revolucionarias pertinentes. En el eje del debate aparecía la figura del Che Guevara.

La polémica se traslada a Cuba

No sólo el triunfo de los guerrilleros de Sierra Maestra generaba impactos en América Latina y el mundo. El gobierno nacionalista de Juan Velasco Alvarado (1910-1977) en Perú, encabezado por este militar que tomaba medidas populares y nacionalizaba el sector petrolero, actuó como un verdadero catalizador de ideas. Cuando el 3 de octubre de 1968 se produjo un golpe militar en Perú, se pensó en un primer momento que era uno más de los tristemente clásicos, pero al poco tiempo llegaron las sorpresas. Era evidente que ya no alcanzaba con repetir manuales. En febrero de 1976, siendo estudiante de Ciencia Política, participé en un seminario en Moscú, donde todos estos choques teóricos se manifestaban abiertamente. Participaba en ese encuentro el economista hispanosoviético Anastasio Mansilla, uno de los "niños españoles" enviados a la URSS durante la Guerra Civil. Había en ese momento tres debates fundamentales. Uno era el rumbo de la Revolución China. Otro, el espacio de discusión generado por los comunistas europeos, que ponían en tela de juicio la vigencia o no de la "dictadura del proletariado", y habían instituido una corriente que se conocía como *eurocomunismo*. El otro era el futuro de América Latina.

Mansilla viajó a Cuba como experto en la metodología científica que utilizó Carlos Marx para elaborar *El capital* y ejerció la coordinación de numerosos grupos de estudio, en los que intervenían los líderes cubanos. Uno de esos grupos era encabezado por el Che, y participaban en él sus colaboradores en el Ministerio de Industria. Guevara sumaba a los debates sobre China, el eurocomunismo y el futuro de Latinoamérica un especial interés sobre la realidad del socialismo soviético. Y los intercambios de opiniones con el profesor Mansilla eran ríspidos.

El economista y escritor cubano Orlando Borrego (n. 1936), quien fue uno de los colaboradores más estrechos del Che en el área económica, cuenta en su libro *Che. El camino del fuego* una anécdota que es ilustrativa sobre el polémico momento que se vivía. En el grupo participaba también otro cubano, Enrique Oltuski (n. 1930), quien fue el Ministro de Comunicación en el primer gobierno revolucionario. Recuerda Borrego:

"Se había provocado una discusión bastante fuerte entre el Che y Mansilla acerca de la política económica de la Unión Soviética y el real papel que le había tocado desempeñar a Nikita Kruschev en aquel momento. La absoluta lealtad del profesor Mansilla a la URSS y a Nikita le impedía aceptar la mínima crítica a lo que pasaba en la Unión Soviética. La discusión se fue caldeando y Oltuski trataba insistentemente de intervenir en el debate. Recuerdo al Che dándole con el pie por debajo de la mesa a Oltuski, para evitar un desaguisado con Mansilla. Oltuski no pudo aguantar más las ocultas advertencias del Che y le disparó a boca de jarro la siguiente frase al profesor: 'No joda más, Mansilla, que todo lo que está pasando allí es una mariconada de Nikita'. Mansilla montó en cólera y le respondió: 'Oltuski, yo no jodo machos', y a continuación siguió con una concienzuda defensa de su adorado Primer Ministro. Al final de la clase, el Che reprendió a Oltuski por aquel exabrupto y éste, por supuesto, sin aceptar ninguna de las críticas del Che, le ratificó los calificativos hacia Nikita".

Las consideraciones críticas del Che sobre algunos aspectos de la realidad soviética tiempo más tarde tomaron forma en un trabajo que se publicó en Cuba el año 2006, cuando hacía varios años que había desaparecido la URSS y se habían cumplido algunas de las críticas premonitorias del guerrillero argentino-cubano. Es interesante señalar que en el prólogo de ese libro, titulado "Apuntes críticos a la Economía Política", se subraya que el Che quería:

"... concretar sus posiciones acerca del periodo de transición en el socialismo, especialmente los rasgos de su economía, a través de un conjunto de apuntes críticos desde el mundo subdesarrollado, por considerar que los textos existentes, y en especial los de origen soviético, dejaban de lado un análisis consecuente para estas regiones".

En este contexto crítico, Guevara hace una valoración del libro de Paul Baran *La economía del crecimiento*, donde señala:

"Sus recetas y sus diagnósticos son crueles casi, pero dan exactamente donde debe. Se le apuntaría como debilidad cierta falta de rigor histórico que no permite ver claramente la ineluctabilidad del desarrollo imperialista hacia sus colonias económicas y, una muy explicable en este libro, la falta de análisis crítico de las relaciones de los países socialistas con los subdesarrollados. Ése es un libro que falta escribir, y lo debe hacer un comunista".

Como se puede apreciar, el clima de debate era amplio y profundo. Los participantes soviéticos al seminario al que asistí en Moscú debían realizar un delicado equilibrio entre las posiciones oficiales del Partido Comunista de la Unión Soviética (PCUS), que mantenía relaciones estrechas y amistosas con los partidos comunistas latinoamericanos, y las propuestas que surgían de los diversos centros de estudios de Moscú.

Sería interesante, pero no es motivo de este trabajo (trato de citar sólo lo necesario para la visión global del tema que nos incumbe), abordar en profundidad qué significó la Revolución Cubana y la irrupción política de Latinoamérica en el escenario mundial para la estrategia soviética, que tenía puesto sus esfuerzos principales en los países recientemente liberados del colonialismo, como fueron el caso de India y Egipto.

La agresiva política de Estados Unidos con Cuba acercó cada vez más a La Habana con Moscú. Pero justo es decir que ese acercamiento no expresaba una sintonía total sobre el escenario latinoamericano.

Años después, el triunfo del sandinismo en Nicaragua aportó nuevos elementos para la teoría y la acción política. Y en Moscú y Latinoamérica se intensificó el debate.

Tiempos agitados

La década del 60 significó un hervidero social y político en América Latina. La Casa Blanca trataba de recomponer su influencia en la región después de la derrota de Playa Girón. El ejemplo cubano preocupaba. Además, se instalaron movimientos guerrilleros en Guatemala a partir de 1961. Y a principios de 1962, el movimiento campesino en Colombia asumió un nuevo carácter con el surgimiento de las guerrillas, en especial en el sur del país, lideradas por Manuel Marulanda (1930-2008).

En Perú hubo intentos guerrilleros que fueron derrotados rápidamente. En la mayoría de los países latinoamericanos nacieron organizaciones que proclamaban la insurrección como único camino para la Revolución. Ninguna de ellas prosperó. La seguidilla de intentos culminaría con el asesinato del Che en Bolivia, en 1967. En este camino de ascenso y retroceso de los procesos revolucionarios, se sucedían los golpes de Estado, que tenían como objetivo principal contener y reprimir a los movimientos populares y eliminar de raíz las amenazas guerrilleras y de movimientos insurreccionales. La serie de golpes militares tuvo un impulso especial en 1963, cuando triunfaron en Guatemala, Ecuador, República Dominicana y Honduras.

En 1964, el rasgo dominante es el golpe en Brasil, al que le siguieron el de Bolivia y, dos años después, el de Argentina. En este último país, el ejército derrocó al gobierno constitucional de Arturo Illia (1900-1983), asumiendo la presidencia el general Juan Carlos Onganía (1914-1995). La primera medida del gobierno militar fue suprimir el Congreso y paralelamente, prohibir la actividad política.

Onganía, un católico de derecha participante de los denominados Cursillos de la Cristiandad, encabezó un proyecto tendiente a perpetuarse en el poder, que puso los documentos básicos del golpe militar por encima de la Constitución Nacional. La excusa, como tantas otras veces, era refundar el país sobre bases modernas.

Pero no todo fue un camino liso y llano para los golpistas. En 1965, el jefe de la Casa Blanca, Lyndon Johnson, enfrentó una situación crítica en República Dominicana, donde se intentó derrocar al presidente Juan Bosch. Hubo una verdadera sublevación popular que hizo retroceder a los golpistas y entonces, la Casa Blanca no vaciló en enviar un cuerpo expedicionario de más de cuarenta y cinco hombres, que luego de diecisiete meses de ocupación militar dejó un saldo de más de tres mil muertos. Johnson intentó infructuosamente decorar la intervención unilateral como una acción conjunta de la OEA, pero fracasó.

Joaquín Balaguer (1906-2002), un personaje ligado al trujillismo y de absoluta confianza de Washington, fue ubicado como presidente. Esas acciones de Estados Unidos, con la colaboración de militares cómplices en distintos países, sin embargo,no traían soluciones duraderas. Recuerdo la entrevista que tuve en 1999 en La Habana, con Emilio Aragonés Navarro (n. 1928), un dirigente histórico de la Revolución. En la capital cubana sesionaba la IX Cumbre Iberoamericana. Con el periodista local José Bodes comenzábamos a escribir nuestro libro *Perón-Fidel, línea directa* (Buenos Aires, Deldragón, 2007), y Aragonés era un personaje clave en esa historia. Nos interesaba conocer cómo y por qué habían decidido en el liderazgo cubano tomar contacto directamente con el argentino Juan Domingo Perón, entonces exilado en Madrid.

Aragonés Navarro comenzó a describir el panorama que visualizaban desde Cuba a través de las movilizaciones y protestas masivas que se producían en la región. Entre ellas, algunas eran verdaderas insurrecciones populares, como en Argentina el Rosariazo y Cordobazo (en referencia a las ciudades de Rosario y Córdoba), que enfrentaron al gobierno militar de Juan Carlos Onganía. Este general, quien fue uno de los más férreos impulsores de la doctrina de las fronteras ideológicas, tiempo después, sobrepasado por el empuje de la movilización popular, habría de ser desplazado por sus propios camaradas del ejército.

En ese escenario, que tenía contenido similar en otros países, la dirección cubana decidió, por el peso que tenía Argentina en el ámbito regional, que era necesario tomar contacto con Perón, por el innegable liderazgo que ejercía en la política nacional argentina.

Aragonés, que era entonces Ministro de Pesca, viajaba regularmente a España, donde Cuba tenía negocios en el ámbito de su Ministerio. Se decidió entonces que fuese él quien se contactara con Perón (no precisamente partidario de un Estado sin protagonismo en la economía del país), dos veces presidente argentino con gran apoyo popular, y derrocado en 1955 por un golpe sangriento.

La designación de Aragonés demuestra el interés y la importancia que entonces se le daba a ese contacto de alto nivel político. El dirigente cubano tenía una vasta experiencia política. Era uno de los dirigentes históricos del movimiento 26 de Julio, liderado por Fidel Castro. Tuvo responsabilidades de importancia en los primeros años de la Revolución en órganos partidarios y de gobierno. Quizás sirva como elemento para profundizar rasgos de su personalizad señalar que, junto con el Che Guevara y Osmany Cienfuegos (n. 1931), llevaron a Moscú el documento para acordar la instalación de los misiles soviéticos en territorio cubano. Y lo discutieron personalmente con Nikita Kruschev. Posteriormente, Aragonés viajó al Congo, para acompañar al Che en la parte final de la experiencia guerrillera africana.

Aragonés se contactó con Perón en su residencia madrileña de Puerta de Hierro. Analizaron la situación de Latinoamérica y en especial la de Argentina. Comenzó así un diálogo que se prolongó durante varios años, tratando de desentrañar el futuro latinoamericano.

En 1973, al ser electo presidente el candidato peronista Héctor J. Cámpora (1909-1980), Argentina restableció relaciones con Cuba, y Aragonés Navarro fue designado embajador en Buenos Aires.

Cámpora renunció el 13 de julio de ese mismo año, y el 23 de septiembre de 1973, Juan Domingo Perón fue electo presidente por tercera vez. Durante su gestión se tomó una decisión histórica que generó un profundo malestar en Washington. Argentina le otorgó a Cuba un crédito de mil seiscientos millones de dólares, que significó, en la práctica, la ruptura del bloqueo impuesto por la Casa Blanca en febrero de 1962.

El Informe Rockefeller

En este escenario complicado de América Latina a fines de la década del 60, cuando Estados Unidos ya estaba seriamente comprometido en el sudeste asiático, Richard Nixon designó a Nelson Rockefeller (1908-1979), entonces gobernador del estado de Nueva York, como su enviado especial a América Latina, para tomar contacto personal con la realidad regional.

La gira fue un fracaso y Nixon tuvo un relato directo del sentimiento antiestadounidense que imperaba en América Latina.

El rechazo a Rockefeller no se debía al mandato de Nixon, ni a su cargo gubernamental, surgido del voto de sus conciudadanos. La oposición a su visita era porque se lo visualizaba como nieto de John Davison Rockefeller (1839-1937), fundador de la dinastía familiar, creador del *trust* petrolero de la Standard Oil y cara visible de los intereses monopólicos estadounidenses en la región. Lo singular de la presencia de Rockefeller en América Latina fueron las multitudinarias manifestaciones de repudio. En distintos países, como el caso de Honduras, Ecuador y Argentina, hasta hubo muertos por la represión.

En Bolivia, el enviado de Rockefeller no pudo salir del aeropuerto. El gobierno venezolano, encabezado por Rafael Caldera, le hizo conocer a la Casa Blanca la inconveniencia de la visita. Esta decisión venezolana trajo aparejada una violenta reacción de la prensa estadounidense, que calificó la gira como "fatídico viaje". En consonancia con la decisión de Caracas, el gobierno chileno también canceló la visita.

El grado máximo de rechazo institucional lo alcanzó en Lima, cuando el gobierno nacionalista, encabezado por el general Manuel Velasco Alvarado, declaró que la visita del enviado del presidente Nixon, programada para el 30 de mayo, no era grata.

Nelson Rockefeller debió reducir su agenda a países donde había gobiernos militares. El enviado de Nixon llegó a Buenos Aires el 29 de junio de 1969. El reconocido periodista argentino Isidoro Gilbert (n. 1931), en su libro *La Fede*, subraya que en esos días:

"El país estaba conmovido por las grandes demostraciones contra el gobierno de la Revolución Argentina, especialmente por el Cordobazo, un virtual levantamiento obrero y popular contra la dictadura, cuyas repercusiones signaron los años siguientes".

Siguiendo el relato de Gilbert, un día antes del arribo de Rockefeller, catorce supermercados de la cadena Minimax, pertenecientes a la familia del gobernador de Nueva York, ardieron como consecuencia de un operativo comando, que en aquellos días desconcertó a las autoridades y a los servicios de inteligencia: nunca lograron establecer quiénes habían sido los autores.

Gilbert sostiene que el operativo fue efectuado por el aparato militar del Partido Comunista, juntamente con su ala juvenil.

Nelson Rockefeller no sólo aceptó realizar la gira por su amistad con el presidente Nixon y su común pertenencia al Partido Republicano. La familia Rockefeller tenía una antigua relación con América Latina. En el año 1938, a Nelson le había tocado personalmente viajar a México, donde el presidente Lázaro Cárdenas (1871-1970) nacionalizó las compañías petroleras extranjeras, entre ellas la Standard Oil.

Sus biógrafos señalan que ya en la época de la Segunda Guerra Mundial, Nelson Rockefeller le manifestó a Franklin D. Roosevelt los temores de que Estados Unidos perdiese sus posiciones económicas y políticas en el hemisferio. El Presidente estadounidense le prestó oídos a esa inquietud, creó la Oficina de Coordinación para Asuntos Interamericanos (CIAA), a la que dotó de un presupuesto generoso. Nelson Rockefeller fue nombrado presidente de la flamante agencia, a la que con su gestión personal dio un gran dinamismo. La agenda era variada: coordinaba acciones gubernamentales en defensa del hemisferio, presionaba a los países latinoamericanos para que rompieran relaciones con el Eje, efectuaba acciones de propaganda y, por supuesto, tenía una sección de inteligencia.

Hubo planes también para atacar el analfabetismo, mejorar la salud e impulsar la producción de alimentos. Todo ello ayudaría a reforzar la imagen de la democracia estadounidense.

Nelson Rockefeller, junto a otras influyentes personalidades con intereses en Latinoamérica, incidió también en un aspecto importante de la política exterior del presidente Harry Trumann (1884-1972) hacia la región. Es lo que se conoce como el Punto Cuarto del discurso presidencial del 20 de enero de 1949, en el Congreso, en el que formalizó un compromiso con el desarrollo de América Latina.

En esencia, el proyecto se basaba en fortalecer y consolidar la ayuda técnica hacia el sur del hemisferio, pero siempre reafirmando las nociones de que el desarrollo económico se alcanzaría con una mayor participación de América Latina en el comercio internacional, a la vez que permitiera la entrada de capitales extranjeros para vigorizar la economía de los países más pobres. En ese derrotero, se fortalecerían la paz y las instituciones democráticas.

La idea era consolidar los mercados de materias primas, ampliarlos y asegurarlos para mantener la influencia política en el hemisferio. Recordemos siempre que todo esto se daba en el marco de la lucha contra el comunismo soviético.

La iniciativa, a juicio de sus impulsores, tenía gran importancia a la hora de articular una propuesta económica que intentara combatir los efectos de la pobreza, foco de politización que conducía a diversos sectores, incluso a sociedades enteras, a mirar con simpatía e incluso a adherir a las propuestas soviéticas.

Pueden ubicarse estos esfuerzos como verdaderos precursores de la Alianza para el Progreso, que llegaría muchos años después y ya con la Revolución Cubana en marcha.

Queda en evidencia que ya en la década del 40, Nelson Rockefeller impulsó programas para América Latina que todavía hoy sirven como modelo en la formulación de la política exterior de Estados Unidos y en los históricos debates en defensa de la libre empresa.

Como resultado de su accidentada gira latinoamericana de 1969, Rockefeller produjo un informe donde es posible verificar la conjunción de su responsabilidad gubernamental con los intereses y su poderío económico personal y familiar. Su influencia en el gobierno de los Estados Unidos se extendía a numerosos grupos políticos oficiales de América Latina.

Estos grupos comprendían a fundaciones, centros de estudios, organismos especializados en el análisis de las relaciones exteriores. Todo ello sin descuidar, por supuesto, los grupos de presión en los distintos países, que incluían a los sectores militares.

De cualquier manera, el enviado de Richard Nixon supo separar el repudio en las calles de los cambios que se habían generado históricamente en la estructura del poder real, en los distintos países de su agenda.

Era evidente que el poder se concentraba en manos de los grupos monopólicos, que se habían afianzado en el proceso de industrialización. Como expresión de ese poder, se fortalecían gobiernos autoritarios o directamente regímenes militares.

Se constataba una profundización de la política de alineamiento de estos países con los intereses estratégicos de Washington y, fundamentalmente, la tendencia a una estrecha integración militar hemisférica. El texto que Nelson Rockefeller elevó a Richard Nixon se tituló "La calidad de vida en las Américas", y en él recomendaba, como una de las tareas prioritarias, formar un Consejo de Seguridad del hemisferio occidental, dentro de la Organización de Estados Americanos, para enfrentarse con las fuerzas de la subversión que operaban en la región.

Según el ex diplomático argentino Juan Archibaldo Lanús, el informe Rockefeller proponía en lo fundamental que la OEA tuviera funciones de seguridad, y para ello propugnaba unir las fuerzas armadas de América Latina con las de seguridad o policiales para la tarea de velar por la seguridad interna.

En su texto, Rockefeller expresamente se refirió al nuevo tipo de militar latinoamericano que debía asumir el papel de transformar el estancado sistema político de América Latina. A su juicio un nuevo militar se había gestado, y se transformaba en la mayor fuerza para constructivos cambios sociales en la región. En este contexto, adelantaba una conclusión justificadora de los futuros golpes militares genocidas, al estilo de Pinochet y Videla.

El quehacer de estos nuevos militares estaba generado, a juicio del autor del informe, por una creciente impaciencia contra la corrupción, la ineficiencia y un orden político estancado. El nuevo militar estaba preparado para adaptar su tradición autoritaria a los objetivos del programa económico social.

Menos de un año después de redactado el informe Rockefeller, que numerosos sectores consideraron nefasto, el 4 de noviembre de 1970, el socialista Salvador Allende asumía la presidencia de Chile.

Comenzaba un nuevo desafío.

Capítulo 5
La experiencia chilena

"Detrás de las campañas contra el 'neoliberalismo', contra el 'capitalismo salvaje', en realidad lo que hay es un profundo recelo respecto de la libertad. Hay eso que Karl Popper llamaba 'el llamado de la tribu'. En realidad asumir la cultura de la libertad y denunciar el colectivismo no es fácil porque implica asumir una enorme responsabilidad".

Mario Vargas Llosa, *Fin de siglo: desafío y oportunidades.*

El triunfo de la Unidad Popular en Chile puso en alerta a la Casa Blanca y a los intereses empresariales de los de Estados Unidos con negocios en América Latina. En este punto hay que detenerse para ubicar con exactitud la alianza de civiles y militares que se estableció, para llevar adelante la defensa del llamado "mundo occidental y cristiano". A estos sectores es preciso agregar los servicios de inteligencia. En Chile quedó plasmada esa alianza con la presión ejercida por empresas transnacionales ante la inminencia del triunfo de Salvador Allende.

La publicación de los denominados "Documentos secretos de la ITT", que fueron dados a publicidad en la prensa de Estados Unidos por el periodista Jack Anderson, muestran la actividad de empresas privadas, en este caso la Internacional Telephone and Telegraph Corporation, para organizar distintos complots. Al darlo a publicidad, la Secretaria General de Gobierno de Chile señaló que era un deber patriótico poner en conocimiento del país la información contenida en esos documentos. Según la publicación:

"[todos los ciudadanos] deben analizar y meditar la extraordinaria gravedad que los hechos en ellos descritos entrañan para la independencia, soberanía y autodeterminación de nuestro país".

Cada uno de los capítulos del documento indica claramente cómo se fue conformando la agenda de la conspiración. El capítulo I se titula "Impedir que Salvador Allende sea presidente de

Chile"; el siguiente: "Provocar el caos económico y político en Chile". El Capítulo III está dedicado al golpe de Estado, para culminar con "Balance, crítica y replanteamiento". Los textos publicados (en inglés en el texto original, con su correspondiente traducción al español) muestran claramente el entramado que envuelve a los empresarios, funcionarios del Departamento de Estado y oficiales de la CIA. Uno de esos textos, fechado el 14 de septiembre de 1970, es francamente revelador. Un funcionario de la ITT (J. D. Neal) le escribe al jefe de la oficina de la ITT en Washington (William Merriam).

Neal refiere la entrevista que tuvo con Peter Vaki, consejero de asuntos latinoamericanos de Henry Kissinger:

"Le hablé de la honda preocupación de Mr. Geneen [Harold Geneen, presidente mundial de la ITT] sobre la situación chilena, no sólo desde el punto de vista de nuestra fuerte inversión, sino también por la amenaza a todo el hemisferio. Le expliqué que noventa y cinco millones de dólares de nuestros bienes están cubiertos por garantías de inversión, como lo están los de otras compañías norteamericanas, pero no querríamos cubrir estas pérdidas con dinero del contribuyente norteamericano".

Mr. Vaky le había comentado sobre las muchas elucubraciones habidas sobre la situación chilena, y la conclusión de que ésta era realmente difícil para Estados Unidos. El enviado de la ITT admite que comprende cuán difícil es la situación de Estados Unidos:

"... pero esperamos que la Casa Blanca y el Departamento de Estado, tomarán una posición neutral o no desanimarán a Chile u otros en el caso de que intenten salvar la situación".

Después de esta introducción, viene el ofrecimiento concreto.

"Le dije a Mr. Vaky que le dijera a Mr. Kissinger que Mr. Geneen está deseoso de venir a Washington a discutir los intereses de la ITT, y que estamos preparados para ayudar económicamente con sumas hasta de siete cifras. Dije que la preocupación de Mr. Geneen no es, después que se robó el caballo, sino que todo el tiempo hemos temido la victoria de Allende y hemos tratado sin éxito de alertar a otras compañías americanas sobre el destino de sus inversiones, para que se unieran a nosotros en nuestros esfuerzos preelectorales".

En complot

Más adelante, Neal se contacta con el Subsecretario de Estado para Asuntos Latinoamericanos, Charles Meyer, y repite la conversación mantenida con el colaborador de Henry Kissinger. En una recepción diplomática en la Embajada de Corea, el vocero de la ITT comenta el caso a Mr. Mitchell, Ministro de Justicia. La conspiración se ponía en marcha.

Otro documento sellado como "Personal y confidencial", reconoce que el Embajador en Santiago, Edgard Korry, recibió finalmente un mensaje del Departamento de Estado dándole luz verde para actuar en nombre del presidente Nixon. El mensaje le dio autoridad máxima para hacer todo lo posible −menos una acción de tipo República Dominicana− para impedir que Allende tomase el poder.

El texto de este cable ilustra también sobre el papel que se le asigna en el complot a los medios de comunicación:

"Los diarios de *El Mercurio* son otro factor clave. Es importante mantenerlos vivos […] Son la única voz francamente anticomunista que queda en Chile y están bajo presión, especialmente en Santiago. Éste puede resultar el talón de Aquiles de la gente de Allende…".

En documentos posteriores se diagrama un plan de acción. Vale la pena reproducirlos textualmente:

"Hemos recomendado, fuera de la ayuda directa, lo siguiente: que nosotros [ITT] y otras firmas norteamericanas en Chile inyectemos algunos avisos a *El Mercurio* (esto ya se ha comenzado), que ayudemos a colocar otra vez algunos propagandistas en la radio y la televisión, que ayudemos a mantener un centro de "reubicación familiar" en Mendoza o Buenos Aires para las mujeres y niños de los personajes claves implicados en la lucha. Esto comprenderá unas cincuenta familias [...], que apliquemos cuanta presión podamos sobre la USIS [Servicio de Información de Estados Unidos] en Washington para que dé instrucciones a la USIS de Santiago, que comience a mover los editoriales de *El Mercurio* alrededor de América Latina y hacia Europa, que insistamos a la prensa clave europea, a través de nuestros contactos allá, para que publiquen la versión de los desastres que caerían sobre Chile si Allende y Compañía ganaran este país".

Para los adalides del libre mercado, la presión de los medios de comunicación sobre la opinión pública de un país, en función de sus intereses económicos particulares, sigue siendo "libertad".

Es interesante la mención que el funcionario de la ITT hace de la USIS, también conocida como Agencia de Información de los Estados Unidos (USIA). Esta institución, creada en pleno auge de la Guerra Fría, fue pensada para funcionar como un aparato de relaciones públicas del gobierno estadounidense.

En su excelente trabajo sobre la Guerra Fría cultural, Frances Stonor Saunders señala que en la primavera de 1953, en pleno auge del macartismo en Estados Unidos, y mientras se sustanciaba el juicio que llevó a la silla eléctrica al matrimonio Rosemberg, la USIA se puso al frente de la lucha anticomunista.

Funcionarios de la agencia recorrieron siete países y a su regreso anunciaron que treinta mil de los dos millones de libros de sus bibliotecas eran escritores "procomunistas" y exigieron su eliminación de los anaqueles, que eran visitados por treinta y seis millones de personas al año. Los telegramas del Departamento de Estado a las misiones de la USIA no dejaban margen para el error. Debían eliminarse todos los libros de Jean Paul Sartre, Dashiell Hammett y Howard Fast, entre otros. Muchos títulos eliminados habían sido ya quemados por los nazis.

El plan incial de la ITT en Chile no tuvo éxito, pues no pudo impedir la asunción de Salvador Allende. Sin embargo, en el proceso hacia el nombramiento de Allende en el Congreso, se produjo el intento de secuestro y asesinato del general Schneider, comandante en jefe del Ejército, por sectores ultraderechistas, civiles y militares, que pretendían con su acción provocar la intervención de las fuerzas armadas y evitar la sesión de investidura del presidente electo.

Salvador Allende (1908-1973) asumió en noviembre de 1970. Los golpistas mejoraron y perfeccionaron su plan estratégico y, tres años después, Augusto Pinochet (1915-2006) culminó exitosamente el plan originario de la multinacional estadounidense.

Cuando la Unidad Popular triunfó en Chile, la Alianza Para el Progreso, creada por John Kennedy, había sido prácticamente borrada de la agenda regional de Richard Nixon. No pocos académicos y publicaciones especializadas en América Latina consideraron que se verificaba un creciente movimiento de aislacionismo y proteccionismo entre los miembros del Congreso estadounidense. La denominada política de "perfil bajo" en los asuntos internos latinoamericanos, inaugurada por Richard Nixon para crear una asociación madura entre los distintos países de la región y Estados Unidos, no era sino una manera disimulada de la Casa Blanca de apartarse de sus compromisos económicos en el hemisferio.

Sólo subsistían algunos de foros de discusión, a los que los dirigentes chilenos acudían sin ocultar nada. Chile inauguraba la inédita vía pacífica hacia el socialismo. Y el rol que le asignaría al Estado no sería el de un mero espectador.

Chile: hacia un Estado protagonista

Pedro Vuskovic (1924-1995), amigo personal de Salvador Allende, fue nombrado Ministro de Economía. Tenía antecedentes universitarios y había trabajado varios años en la CEPAL. Le tocó a Vuskovic explicar en Estados Unidos cuál era el plan económico de la Unidad Popular. Lo hizo ante el Comité Interamericano de la Alianza para el Progreso.

Su presencia generó tensión desde el mismo inicio de su intervención. Vuskovic aclaró que el hecho de estar en Washington y en ese Comité no significaba un contrato de adhesión a los postulados que dieron nacimiento a la Alianza para el Progreso.

Chile había aplicado un esquema de desarrollo inspirado en el proyecto creado por John Kennedy, y la conclusión, después de varios años, era que los graves problemas económicos y sociales del país, a lo largo de todo este tiempo, lejos de solucionarse, seguían existiendo y en algunos casos se habían agravado. Por eso habían decidido transitar un camino distinto, que en lo fundamental era reemplazar la estructura económica entonces vigente, terminando con el poder del latifundio y del capital monopolista nacional y extranjero, para iniciar la construcción del socialismo. Es fácil imaginar el impacto que generó semejante introducción al tema. Los foros internacionales, que en su momento fueron pensados por los sectores más conservadores de Estados Unidos para profundizar la defensa de la libre empresa y la consagración del mercado como el gran nivelador económico social, se convertían ahora en tribunas de discusión que ponían en tela de juicio esos parámetros.

Todos los debates, seminarios y encuentros de análisis pasaron a ser sospechosos. La CEPAL dejó de ser confiable. Un gran impacto significó el discurso de Salvador Allende, en la inauguración del XIV periodo de sesiones de este organismo, en abril de 1971:

"No basta hacer el recuento de las frustraciones de una década. La reunión que hoy inauguramos deberá realizar un balance cualitativo de lo que ha ocurrido; es la oportunidad para analizar a fondo lo que viene manifestándose en todos nuestros países, y para contemplar las tareas históricas que se están prefigurando. Asistimos al despertar de una conciencia masivamente revolucionaria. Cada día, muchos más entre nosotros rechazan el sistema que existe, y con razón".

Y a continuación, los que propugnan y medran con la libertad de mercado habrán sentido un erizamiento en la piel:

"Año tras año, los inversionistas extranjeros han obtenido utilidades mucho mayores que el monto colocado. Mientras tanto, se sigue permitiendo que un reducido número sea dueño de las tierras, de las fábricas, de las minas, y ejerzan un poder político incuestionable.

"Sólo con cambios estructurales de fondo, como la Reforma Agraria, la nacionalización de las riquezas básicas y de la Banca, la reforma de las instituciones políticas, la reestructuración industrial, se logrará captar y movilizar mejor los excedentes económicos, orientándolos hacia un desarrollo planificado para satisfacer las necesidades básicas de toda la población. Es con medidas de esta magnitud que podremos terminar con el estancamiento, la miseria y la violenta dependencia".

El Estado, el que debía mostrarse prescindente dejando que la iniciativa privada y el libre juego de oferta y demanda regularan todo naturalmente, era evidente que esta vez, en Chile, no iba admitir ese rol:

"Es necesario nacionalizar. La nacionalización será conquistada en conformidad con nuestro sistema legal, en uso de nuestra soberanía y de acuerdo con las resoluciones de las Naciones Unidas. Los intereses de los pueblos están por sobre los particulares".

La reacción de los sectores conservadores fue inmediata. Mauricio Lebedinsky, en su libro *América Latina en la encrucijada de la década del setenta*, transcribe un comentario del diario argentino *La Nación*, tradicional vocero de los sectores ligados a los grandes propietarios de la tierra y las empresas extranjeras. Decía el matutino porteño:

"Las reuniones celebradas en Santiago de Chile, fuera de haber dado oportunidad a exposiciones en un foro que por su índole y ubicación tiene profusa publicidad y sirve para finalidades políticas, han dejado un saldo magro. Quizás lo más importante sea el rechazo a la pretensión de embarcar al continente en una senda ideológica cuyas soluciones no se han testimoniado como idóneas para los problemas reales de una amplia y diversificada zona, tal como es América Latina".

A continuación, *La Nación* puntualizaba lo que más le dolía:

"La pretensión de tener a la reforma agraria y a la nacionalización de los sectores estratégicos como requisitos previos a un despegue real al desarrollo y la afirmación de una política de auténtica integración no prevaleció, y la oposición de nuestro país se basó en la inoportunidad de conferirles a dichas proposiciones el carácter de prerrequisito".

Es necesario puntualizar que los delegados de la Argentina a la reunión de la CEPAL eran representantes del gobierno de facto que había derrocado al presidente Arturo Illia.

El cerco cívico-militar

Las recomendaciones de la empresa ITT hallaron rápido eco en distintas oficinas de Washington. El escritor estadounidense Tim Weiner, en su monumental trabajo sobre la CIA, sostiene que la Agencia ya había derrotado anteriormente a Salvador Allende. El presidente John F. Kennedy fue el primero en aprobar un programa de guerra política en su contra, dos años antes de las elecciones chilenas de 1964, cuando Allende fue derrotado por el demócrata cristiano Eduardo Frei Montalva (1911-1982). Dice Weiner:

"La CIA montó sus cañerías e inyectó alrededor de tres millones de dólares en el aparato político de Chile. Aquello representó casi un dólar por voto para el candidato democristiano".

En esto sí era justificable invertir el dinero de los contribuyentes de Estados Unidos. Pero no fue sólo una inversión directa en millones de dólares. La CIA, según afirma Weinwe, financió asimismo acciones encubiertas antiallende por parte de la Iglesia Católica y los sindicatos, al tiempo que alentaba la resistencia contra el candidato entre los mandos militares chilenos y la policía nacional. En 1970, cuando las posibilidades de Allende crecían, la CIA apretó el acelerador. Es revelador, cuando se discuten en Latinoamérica las relaciones de distintos gobiernos con la prensa, analizar el papel de la Central de Inteligencia en su relación con el periodismo.

Siguiendo el relato de Tim Weiner en *Legado de cenizas*, puede rastrearse que tanto en territorio estadounidense como en el extranjero (como lo deseaba la ITT), la CIA suministró propaganda a destacados reporteros que actuaban como verdaderos taquígrafos de la Central de Inteligencia. En el libro se hace mención especial a una noticia de portada de la revista *Time*, que se debía a materiales y resúmenes proporcionadas por la CIA, según lo señalaba un informe interno de la misma publicación. Pero la tarea no se centró sólo en los medios de prensa. En Europa, altos representantes del Vaticano y diversos líderes democristianos de Alemania Occidental y de Italia, según afirma Weiner, trabajaban a instancias de la CIA para detener a Allende. La fidelidad de estas aseveraciones puede consultarse en Internet, en el sitio oficial *www.foia.state.gov*, donde han sido publicados documentos del caso chileno, desclasificados entre los años 1999-2003.

El propio jefe de la CIA de entonces, Richard Helms, reconoce en sus memorias que se imprimieron carteles, se filtraron falsas noticias, se alentaron comentarios editoriales, se hicieron correr rumores, se distribuyeron panfletos. El objetivo era evidente: mostrar que con una victoria de Allende se corría el riesgo de destruir la democracia chilena y la sacrosanta libertad de los mercados.

El asalto a La Moneda

El golpe del general Augusto Pinochet, el 11 de septiembre de 1973, terminó con un gobierno elegido en comicios libres. El presidente Salvador Allende murió durante los bombardeos a la Casa de la Moneda.

La responsabilidad de la cúpula de las Fuerzas Armadas chilenas es conocida, pero no podemos obviar en este escenario el rol jugado por entidades empresariales. Como ejemplo puede citarse el ya famoso paro de camioneros. El 9 de octubre de 1972, Chile fue sorprendido por la huelga de los transportistas, básicamente, un *lockout*. La Confederación Nacional del Transporte, presidida en ese entonces por León Vilarín, y que reunía a ciento sesenta y cinco sindicatos de camioneros, con cuarenta mil miembros y cincuenta y seis mil vehículos, decretó un paro indefinido de actividades en todo el país, el cual comenzó a cumplirse con rigurosidad militar.

La huelga se combinó con esfuerzos de la CIA, que había creado una red de saboteadores militares y políticos para fracturar a las Fuerzas Armadas de sus principios constitucionales. El paro de los camioneros ponía en marcha la resistencia civil de la burguesía comercial. A la iniciativa camionera se sumaron la Confederación del Comercio Detallista, con un cierre casi total de sus locales; la Confederación de la Pequeña Industria y Artesanado; las Federaciones de Estudiantes Universitarios y Secundarios; los portuarios; los trabajadores de la Universidad de Chile; los pilotos de la línea aérea LAN y la poderosa Confederación de la Producción y el Comercio, con todas sus ramas.

Producto de la particular geografía del país, la economía chilena está a merced de su transporte automotor. Paralizarlo es paralizar el país. Sin duda, la patronal transportista veía profundamente afectados sus intereses económicos por las reformas socialistas, tendientes a evitar privilegios de sectores internos.

La ausencia de transporte carretero podía interrumpir todos los abastecimientos de artículos de primera necesidad, materias primas y, especialmente, la distribución de alimentos para los sectores populares. Además, la huelga no ocurría aislada. Los comerciantes cerraron sus negocios, los industriales pararon sus máquinas, las organizaciones de profesionales médicos, abogados, dentistas, periodistas y otras votaron por la adhesión a la huelga y suspendieron toda actividad, aumentando la atmósfera de pánico.

La mayoría de los transportistas en paro no eran asalariados, sino propietarios de camiones; algunos de ellos de grandes flotas que transportaban mercadería por todo el país. El tamaño limitado de las redes ferroviarias chilenas les daba a los transportistas un papel económico crucial y una fuerza real. De hecho, la huelga era un movimiento clave dentro de una estrategia global, en la cual los camioneros cumplían el papel de fuerza de choque para una clase decidida a reasumir el control sobre el Estado, que sentían haber perdido.

Los cables desclasificados de la CIA reflejan que un joven agente que respondía al nombre de Jack Devine, y que muchos años después se convertiría en jefe del servicio clandestino, envió un cable directo a Henry Kissinger, flamante secretario de Estado. El texto puntualizaba que, en un plazo breve, Estados Unidos recibiría una petición de ayuda de "un oficial clave del grupo militar chileno que planeaba derrocar al presidente Allende". La suerte estaba echada.

Cerrojo golpista y "orden" neoliberal

Con el golpe en Chile comenzó a cerrarse el cerco en el sur del continente.

Alfredo Stroessner (1912-2006) manejaba férreamente Paraguay desde la década del 50. La dictadura militar que había derrocado a Joao Goulart en Brasil llevaba casi una década en el poder.

En 1971, un golpe militar derrocó en Bolivia al general Juan José Torres (1920-1976), quien imprimía a su gobierno una tónica nacional, popular y antiimperialista. En 1976, en la ciudad de Buenos Aires, donde estaba exiliado, Juan José Torres fue asesinado en el marco del denominado Plan Cóndor.

Casi en paralelo con el plan golpista en Chile, en Uruguay se buscó una fachada civil para encabezar el golpe destinado a paralizar la creciente movilización popular. La figura elegida fue Juan María Bordaberry (1928-2011), quien había iniciado su actividad política a través de organizaciones empresariales agrarias. El 15 de febrero de 1972, Bordaberry, candidato del Partido Colorado, se consagró Presidente de la Nación.

La difícil situación creada por las acciones obreras y populares, a las que se sumaba la guerrilla urbana del Movimiento de Liberación Nacional "Tupamaros" (MLNT), desató una grave crisis política. El 15 de abril de 1972, el Congreso introdujo el "estado de guerra interno", con restricción de garantías constitucionales.

Bordaberry se fue transformando en un mero "vocero" de las Fuerzas Armadas, que pusieron en marcha, de manera silenciosa, un verdadero golpe de Estado. El último acto de este proceso (que en ciencia política se ha conocido como *bordaberrización*), tuvo lugar el 25 de junio de 1973, con el despliegue del ejército en Montevideo y el anuncio hecho por Bordaberry de la suspensión del Congreso y la instauración del gobierno por decreto.

El 12 de junio de 1976, a unos meses de la expiración de su mandato, Bordaberry finalmente fue destituido por los mandos militares. En Argentina, el 24 de marzo de 1976, las Fuerzas Armadas derrocaron a María Estela Martínez (n. 1931), viuda del general Perón, y completaron así la Operación Cerrojo. Uno de los objetivos de cercenar las libertades políticas y ciudadanas en general era asegurar la "libertad de mercado".

Fue quizás en Argentina donde la complicidad civil empresarial con el golpe militar fue más evidente.

El periodista y escritor Vicente Muleiro, en su libro *1976. El golpe civil*, desnuda la composición de ese acuerdo cívicomilitar, cuando analiza la designación de José Alfredo Martínez de Hoz (n. 1925) como Ministro de Economía. Señala Muleiro:

"Martínez de Hoz era el titular del CEA (Consejo Empresario Argentino), grupo de la elite empresarial argentina constituido en 1967 para defender el libre mercado, pero a la vez, para presionar y exprimir al Estado con su poder de *lobby*. Tales empresarios habían sentido amenazada su tasa de ganancia y sus estatus patronales con la apertura política de 1973 y con una sociedad móvil y reclamante, en la que la guerrilla soñaba con asentarse para avanzar en su proyecto. Pero a estos hombres de negocios les preocupaba más, mucho más, la toma de conciencia de los sectores populares, la militancia fabril, la politización de los sectores medios, el soplo fuerte de los discursos críticos en el ámbito cultural".

Muleiro sostiene que a esa elite empresarial, cómplice en los delitos de lesa humanidad, la atemorizaba el cuestionamiento al poder a escala nacional, continental y mundial, que desbordaba desde la segunda posguerra.

El periodista Julio Sevares, en su libro *Por qué cayó la Argentina*, ahonda en las puntualizaciones de Muleiro, en cuanto a la responsabilidad empresarial en los golpes militares, pero a su vez genera una interesante hipótesis de trabajo, donde sostiene que el orden neoliberal que se impuso en la Argentina en la década del 90 comenzó mucho antes. Sevares asegura que el tránsito hacia el orden neoliberal estuvo signado por masacres, hiperinflaciones, crisis sociales, trastornos productivos y quiebras reiteradas de las finanzas públicas. A continuación, el autor delimita las etapas en que se impuso el orden neoliberal en la Argentina.

Un primer intento fue con el golpe de Onganía, en 1966. Allí se abrieron las puertas al capital extranjero y se trató de insertar a Argentina en el "mundo occidental y cristiano" como base de una cruzada anticomunista. El libreto no era propio, pero la ilusión onganiana fue destrozada por levantamientos populares como el Rosariazo y Cordobazo.

La otra etapa se dio en marzo de 1976, dice Sevares:

"… cuando las Fuerzas Armadas, con el apoyo de la cúpula empresaria iniciaron el ataque orgánico y sistemático contra el pasado mediante el disciplinamiento de los trabajadores a sangre y fuego, la apertura financiera y comercial, la instauración de una cultura de especulación y obtención de rentas financieras".

Civiles y golpes de Estado

Este golpe, liderado por Jorge Rafael Videla, contó, según la descripción que hace Sevares, con una red de apoyos, algunos explícitos y otros más difíciles de cuantificar. El más explícito provino de las fuerzas del empresariado, agrupadas en entidades como la Asamblea Permanente de Entidades Gremiales Empresarias (APEGE) y el Consejo Económico Argentino (CEA).

La APEGE se había formado en 1975 como un grupo de presión contra el gobierno constitucional y los sindicatos obreros. Reunía a la Unión Industrial Argentina, a la Sociedad Rural, representante de propietarios latifundistas, y a la Cámara de Comercio. El Consejo Económico Argentino (CEA) nació en 1967, vinculado al Council of the Americas, de Estados Unidos, y reúne a personas influyentes y a dueños de los grandes grupos económicos. En los meses previos al golpe del 24 de marzo de 1976, los empresarios vinculados al CEA desplegaron una intensa presión sobre el gobierno y redoblaron su acercamiento con sectores golpistas de la Fuerzas Armadas. Alistándose para el golpe que estaban preparando, el CEA redactó el plan económico que esperaban aplicar.

Los apoyos empresariales no fueron sólo en el inicio del proceso militar, sino que se mantuvieron en el tiempo. Mientras se multiplicaban las denuncias sobre torturas, secuestros, desapariciones y asesinatos, el 24 de marzo de 1977, la Asociación de Bancos Argentinos (ADEBA) publicó una solicitada titulada "Un año después..." subrayando:

"El pronunciamiento militar del 24 de marzo de 1976 significó ante todo la inevitable asunción del poder por un gobierno con autoridad. Además, implicó una convocatoria a las fuerzas sanas del país para rescatarlo del caos en que se encontraba. ADEBA, Asociación de Bancos de capital y dirección argentinos, reitera hoy su adhesión a los principios de moralización, reconstrucción y recuperación de nuestros valores nacionales que inspiraron aquel movimiento".

En plena euforia por el Campeonato Mundial de Fútbol y frente al recrudecimiento de las denuncias de violaciones de los derechos humanos, el 27 de junio de 1978, la Bolsa de Comercio de Buenos Aires publicaba en el diario *Clarín* una solicitada bajo el título "La verdadera Argentina también es noticia", en la que señalaba:

"Ante la acción de aquellos que en el exterior intentan deformar la imagen del país, entidades privadas representativas de la comunidad argentina se autoconvocan para expresar la reacción nacional bajo el lema: 'La verdadera Argentina también es noticia.'"

Leyendo atentamente el documentado trabajo de Eduardo Blaustein y Martín Zubieta *Decíamos ayer. La prensa argentina bajo el proceso*, pueden encontrarse numerosos y lamentables testimonios de apoyo al gobierno militar, entre los cuales no faltan vergonzosos editoriales periodísticos, de medios que hoy suelen dictar cátedras de libertad de prensa para toda América Latina.

En marzo de 1979, el CEA publicó una declaración en la que sostuvo que el Proceso salvó al país del marxismo y el estatismo, y lo puso en la senda del cristianismo y los valores occidentales. Meses después llegaba a Argentina la Comisión Interamericana de Derechos Humanos a investigar miles de denuncias de torturas, secuestros, desapariciones y asesinatos. En octubre de 1980, le otorgaban al argentino Adolfo Pérez Esquivel (n.1931) el Premio Nobel de la Paz, defensor de los Derechos Humanos frente a la dictadura. Ninguno de los institutos que bregaban y bregan por las libertades ciudadanas (la de mercado, en primer lugar) pareció ver nada malo en el avasallamiento de las garantías individuales.

Los Documentos de Santa Fe

La llegada del demócrata James Carter (n. 1924) a la Casa Blanca despertó expectativas en cuanto al trato con los países latinoamericanos. Carter se encontró con la herencia legada por las administraciones anteriores, que sembraron la región con regímenes militares. Los golpistas de toda América Latina, y en especial los del Cono Sur, enfrentaron decididamente las distintas medidas que llegaban desde Washington, fundamentalmente aquellas ligadas a la política de Derechos Humanos. Es interesante la opinión de Fidel Castro sobre Carter, en sus conversaciones con el periodista Ignacio Ramonet:

"Yo siempre tuve buena opinión de Carter como hombre de ética. Su política fue constructiva con relación a Cuba y fue uno de los presidentes más honorables".

Castro subraya que a Carter se le debe la Oficina de Intereses, un eufemismo para designar a las respectivas Embajadas, en Washington y La Habana. Los dos países no tenían relaciones diplomáticas a partir de la decisión unilateral de Estados Unidos, que las interrumpió en enero de 1961, tres meses antes de la invasión a Bahía de Cochinos. Señala también la importancia de los acuerdos Torrijos-Carter, que permitieron a los panameños recuperar el Canal y su Zona.

En noviembre de 1979, en el marco de la Revolución Islámica en Irán, un grupo de partidarios del Ayatollah Jomeini (1902-1989) asaltó la Embajada de Estados Unidos en Teherán y tomó a cincuenta y dos rehenes. Todos los intentos de liberación fracasaron y esos contratiempos prácticamente sellaron la suerte de James Carter, cuya reelección fracasó ante el avance de la restauración conservadora de Ronald Reagan, quien finalmente lo sucedió en enero de 1981.

Meses después de la toma de rehenes, en mayo de 1980, en la capital del estado de Nuevo México se reunieron el denominado Grupo de Santa Fe y miembros de la Heritage Foundation, quienes en conjunto elaboraron un documento sobre el futuro de las relaciones de Estados Unidos con América Latina. Bautizado como "Santa Fe I", dicho documento proponía líneas de acción y estaba dirigido a Ronald Reagan, en caso de que ganara las elecciones presidenciales de noviembre, como finalmente ocurrió.

La Heritage Foundation, fundada en 1973, según señala su página oficial en Internet, es una institución de investigación y educación *think tank*, "tanques de pensamiento", cuya misión es formular y promover políticas públicas conservadoras, basadas en los principios de la libre empresa, gobierno limitado, libertad individual, valores tradicionales americanos y una fuerte defensa nacional. "Nuestra visión –señala la página *web* de la institución– es construir una América donde la libertad, la oportunidad, la prosperidad y la sociedad civil florezcan".

Se explica también claramente que el objetivo de las investigaciones es hacerlas llegar (además de comercializarlas) a los miembros del Congreso, las autoridades del Poder Ejecutivo y los medios de comunicación.

Junto a los miembros de la fundación Heritage, trabajaron en el documento de Santa Fe asesores de Ronald Reagan en temas latinoamericanos, entre ellos el general Gordon Summer, el general John K. Singlaub, ex comandante de las tropas estadounidenses en Corea del Sur, y Jeanne Kirkpatrick, quien fue embajadora en Naciones Unidas.

Para conocer los perfiles personales de algunos de los firmantes, puede señalarse que luego de la visita de la Comisión Interamericana de Derechos Humanos a Buenos Aires, en septiembre de 1979, un grupo de militares estadounidenses viajó a Argentina. Entre ellos se encontraba el teniente general del Ejército Gordon Summer, y el teniente general del Ejército Daniel Graham, asesor de Ronald Reagan. Ambos jefes militares tuvieron contacto con sus colegas argentinos, a quienes manifestaron su oposición a la política de Derechos Humanos impulsada por la administración demócrata. En la conferencia que brindó durante su estadía en Buenos Aires, Summer estableció claramente sus diferencias de enfoque con la política impulsada en tal sentido por James Carter.

El documento "Santa Fe I" presentaba el escenario latinoamericano con tono apocalípitico:

"El continente americano se encuentra bajo ataque. América Latina, la compañera y aliada tradicional de Estados Unidos, está siendo penetrada por el poder soviético. La Cuenca del Caribe está poblada por apoderados soviéticos y delimitada por Estados socialistas".

Orientando a Mr. Reagan

Siguiendo con el documento emitido por los deliberantes en Nuevo México, allí se puntualiza:

"Históricamente la política de Estados Unidos hacia América Latina nunca ha estado separada de la distribución global de poder, y no existen razones para pensar que lo que suceda en la década de los 80 entre los mayores Estados en un área del mundo no afectará las relaciones de poder en los otros continentes. La Doctrina Monroe, piedra angular histórica de la política de los Estados Unidos hacia América Latina, reconocía una íntima relación entre la lucha por el poder en el Viejo y el Nuevo Mundo.

"Estados Unidos está siendo desplazado del Caribe y Centroamérica por un sofisticado y brutal superpoder extracontinental, que manipula Estados clientes".

Los firmantes del documento consideran que la devaluación del rol de Latinoamérica en cuanto al papel estratégico, político, económico e ideológico durante la Guerra de Vietnam erosionó aún más la posición del Gran País del Norte:

"Estados Unidos debe desarrollar una política hacia América Latina que fomente la seguridad norteamericana e iberoamericana, que se base en la independencia nacional mutua y en la dependencia interamericana, que promueva el desarrollo económico y político autónomo basado en nuestra herencia cultural y religiosa, que acepte límites a los impulsos norteamericanos para promover reformas internas en Iberoamérica y que reconozca y respete la dignidad y sensibilidad de nuestros vecinos".

Estos breves párrafos enfocan claramente la directriz principal del documento, que fue cumplido a rajatabla por Reagan, quien ejerció un liderazgo indiscutido en la revolución conservadora. Y dentro de ella, la Heritage Foundation tuvo un rol preponderante.

Refiriéndose a la influencia que ésta tuvo sobre el ex presidente Reagan, la politóloga francesa de origen estadounidense Susan George (n. 1956) señala:

"Una semana después de su victoria electoral, el director de la Heritage entregó a Reagan un documento de mil páginas con consejos sobre política, llamado Mandato para el liderazgo (Mandate for Leadership), fruto del trabajo de doscientos cincuenta expertos neoliberales. Sus recomendaciones fueron distribuidas a través de la nueva administración; la mayoría se convirtieron en ley".

En su trabajo *Cómo ganar la guerra de las ideas*, la académica francesa repasa el trabajo de varias fundaciones. Así, por ejemplo, cita al Instituto Americano de la Empresa (American Enterprise Institute, AEI), fundado en 1943 por un grupo de hombres de negocios anti-New Deal. Y esto es interesante; para algunas asociaciones empresarias, el enemigo a enfrentar no era sólo el comunismo, sino también los postulados de Franklin Delano Roosevelt.

Las Fundaciones aconsejan

El AEI inició sus relaciones públicas en los años 50 y los años 60, trabajando directamente con los miembros del Congreso. Una de sus campañas para la recaudación de fondos fue lanzada por la Secretaría de Defensa en el comedor del mismo Pentágono. Pero volviendo a la fundación Heritage, Susan George brinda datos muy interesantes. La considera el cerebro colectivo detrás de Reagan y George Bush. Esta fundación gasta un tercio de su presupuesto anual de dieciocho millones de dólares en *marketing*, y elabora unos doscientos documentos al año. Su *Guía anual* tiene un listado de mil quinientos expertos políticos neoliberales en diversas áreas. El éxito de la Heritage ha inspirado la creación de treinta y siete mini-Heritage a través de Estados Unidos.

Pero no sólo allí tiene presencia esta poderosa fundación. En colaboración con diversas instituciones latinoamericanas y el *Wall Street Journal*, publica todos los años el *Índice de libertad económica*, en el cual se incluyen los datos precisamente de "libertad económica" y solidez democrática, según la lente particular de la Heritage. Así se reconocen cinco categorías de países:

+ Países libres
+ Países mayormente libres
+ Países moderadamente libres

+ Países con libertad económica mayormente controlada
+ Países con libertad económica reprimida

En Latinoamérica, un lugar de privilegio del *Índice*, en 2012, lo ocupó Chile y en los últimos puestos estaban Argentina y Venezuela.

Junto a la Heritage, uno de los más importantes "tanques de pensamiento" en defensa del neoliberalismo es la Mount Pelerin Society, fundada en 1947 por Friedrich von Hayek (1899-1992). Esta asociación convocó en una primera etapa a los conservadores americanos y europeos en un pueblito cercano a Lausanne, Suiza. Desde entonces, se reúne en distintas ciudades del mundo y se convirtió en un club internacional para los pensadores neoliberales. Después de un encuentro en Viena, en 1996, Milton Friedman (1912-2006) dijo: "Mount Pelerin nos mostró que no estamos solos", y sirvió como un espacio de reunión, inspirando amistades, redes y asociando proyectos. La membresía de la sociedad se adquiere por invitación.

La Mount Pelerin Society tuvo una gran repercusión en la Argentina, en 2011, cuando en pleno proceso electoral para la elección presidencial organizó un seminario en Buenos Aires con la participación estelar de Mario Vargas Llosa, flamante Premio Nobel, para analizar el fenómeno del populismo.

Un tema insoslayable es el financiamiento de estos proyectos que participan en la batalla de ideas. En pleno auge del neoliberalismo en América Latina, en la década del 90, la Bradley Foundation gastó casi todo su ingreso anual (veintiocho millones de dólares en 1994), en la promoción de la causa neoliberal, incluyendo importantes donaciones a Heritage, AEI y a diarios y revistas conservadoras.

Guerras de baja intensidad

Pero las fundaciones conservadoras, a partir del gobierno de Ronald Reagan, no estuvieron solas en la batalla latinoamericana. La CIA aportó lo suyo. A partir del escenario descrito por los autores del "Documento de Santa Fe", la nueva jefatura de la Central de Inteligencia preparó un plan especial para la región.

Para aportar detalles sobre este periodo, nuevamente se puede recurrir al varias veces mencionado trabajo de Tim Weiner, quien sostiene:

"Reagan apenas sabía de la CIA más de lo que había visto en el cine. Pero prometió darle vía libre, y ciertamente cumplió su palabra. El hombre que eligió para la tarea fue su brillante y taimado director de campaña, William Casey".

El autor de *Legado de cenizas* describe a Casey como un sinvergüenza encantador, un hombre de Wall Street cuya fortuna provenía de la venta de estrategias para reducir impuestos. En sus primeras reuniones, Ronald Reagan y William Casey diagramaron un ambicioso plan que abarcaba desde el envío de armas a Afganistán hasta programas para respaldar a los disidentes en la Unión Soviética y otros países socialistas de Europa.

Pero el Jefe de la CIA tenía sus propios planes ambiciosos para el patio trasero de Estados Unidos.

Casey puso atención especial en Centroamérica. La preocupación sobre esta región, hasta que llegó Reagan a la Casa Blanca, estaba centrada en impulsar algunas acciones encubiertas para combatir a los sandinistas que habían tomado el poder en Nicaragua. El movimiento, inspirado por la figura de Augusto César Sandino, estaba configurado con base en un amplio espectro ideológico en el que concurrían fuerzas marxistas, nacionalistas y militantes de la llamada Teología de la Liberación. Según la óptica reaganiana, los sandinistas se asemejaban a sus vecinos cubanos.

Los programas en curso, que se implementaban en distintas oficinas de Washington, eran el clásico apoyo a los partidos proestadounidense, a los grupos de sacerdotes conservadores, como así también a organizaciones sociales y sindicatos que se oponían al sandinismo.

Como parte de una nueva estrategia, Ronald Reagan informó al Congreso que estaba dispuesto a defender a El Salvador, gobernado por fuerzas derechistas. Para ello era imprescindible, cortar el presunto envío de armas por parte de los sandinistas. Era sólo una excusa.

El plan, en realidad, consistía en organizar una fuerza militar en Honduras, conocida como la de los "contras", para terminar con el experimento del socialismo en Nicaragua. Los contras constituían una fuerza heterogénea que comprendía a ex jefes de la guardia nacional somocista, tropas de inteligencia de la dictadura militar argentina, oficiales del ejército hondureño y miembros de los escuadrones de la muerte guatemaltecos. Un detallado desarrollo de esta operación de la CIA en territorio nicaragüense puede leerse en *La guerra secreta. Operación Calipso*, de Fabián Escalante Font, quien fue fundador de los organismos de seguridad cubanos. Éste relata sus propias experiencias en el campo de batalla y sostiene:

"Los Estados Unidos diseñaron para Nicaragua lo que sus estrategas militares denominaron *conflicto de baja intensidad*. Su propósito, desde el principio, era sembrar el terror, el pánico y desgastar y arruinar la economía nicaragüense. La práctica de tierra arrasada fue el concepto táctico que se impuso. Cálculos conservadores estiman que aquel conflicto ocasionó a Nicaragua daños por trece mil millones de dólares".

En 1983, América Latina y el mundo presenciaron una nueva invasión ordenada desde Washington, en este caso a la isla caribeña de Granada, con el argumento de la presencia cubana en la isla.

El 25 de octubre de 1983, siete mil efectivos estadounidenses, con el apoyo de artillería naval y helicópteros de ataque, doblegaron la resistencia de un reducido destacamento de militares granadinos y a un grupo de civiles cubanos, ocupados en la construcción de obras de infraestructura. La administración Reagan, influida y en concordia con las ideas de las grandes fundaciones defensoras de la "libertad", dejaba aquí también su sello.

La última década del siglo XX nos deparía aún varias sorpresas.

Capítulo 6
EL CONSENSO DE WASHINGTON

"Como estoy seguro ustedes saben muy bien, hay desde distintas trincheras políticas una ofensiva muy grande contra el llamado *neoliberalismo*, algo que no sé qué cosa es, y el liberalismo me interesa mucho y de hecho me considero un liberal. Y si ustedes le preguntan a estos ochenta liberales que se han reunido en Rosario, '¿qué cosa es un neoliberal?', estoy seguro de que les van a responder lo mismo que yo: 'pues no sé qué cosa es un neoliberal."
Mario Vargas Llosa, *Fin de siglo: desafíos y oportunidades.*

Al interrogante que se hace Vargas Llosa sobre el término *neoliberalismo* es necesario contextualizarlo. Sus palabras fueron dichas en el año 1998, en un seminario sobre "Los desafíos a la sociedad abierta a fines del siglo XX", organizado para festejar diez años de vida de la Fundación Libertad en Argentina, en la ciudad de Rosario.

El momento era oportuno para hacer una profesión de fe liberal. En América Latina se aplicaban a rajatabla los paradigmas del Consenso de Washington, que ubicaba como objetivo fundamental la desregulación de los mercados financieros, productivos y laborales.

Un lugar destacado en el texto que sirvió de sostén ideológico para un largo periodo en la política latinoamericana ocupaba el respeto sin límites a la propiedad privada y el énfasis en los procesos de privatización, que significaban hacer a un lado al Estado, lo que algunos llamaron *el desguace del Estado*, y otros, la construcción de un "Estado tonto".

En este contexto, en la década de los años ochenta, la desregulación y la liberalización se plantearon como alternativa a los problemas del modelo existente en la región y, en especial, ante los graves problemas de deuda externa en los países latinoamericanos.

Los ideólogos del Consenso de Washington estructuraron primero el armazón ideológico, luego vinieron la desregulación y la apertura de los mercados, que se fueron dando paulatinamente en la práctica a través de los planes de estabilización que el FMI imponía a los países después de la crisis de devaluación de sus respectivas monedas.

El interrogante de Mario Vargas Llosa sobre qué es el neoliberalismo puede ser respondido con los conceptos del Premio Nobel de Economía Joseph Stiglitz (n. 1943), cuando señala que:

"... las políticas del Consenso de Washington son a veces denominadas *neoliberales* o *fundamentalistas del mercado*, resurrección de las políticas del *laissez faire*, que fueron populares en algunos círculos en el siglo XIX".

A tenor de lo señalado por Stiglitz, no parece ser novedoso lo planteado por el Consenso de Washington, que signó la política económica de numerosos países latinoamericanos en la década del 90.

Stiglitz avanza en su crítica y señala que las políticas del Consenso de Washington se fundaban en un modelo simplista de la economía de mercado, basándose en el modelo de equilibrio competitivo, en el cual la mano invisible de Adam Smith opera y lo hace a la perfección.

En el seminario de la Fundación Libertad, Vargas Llosa proclamó su admiración por Adam Smith, puntualizando que este prestigioso economista descubrió que "un país es más próspero mientras menos interviene el gobierno en la creación de la riqueza". Es la opinión de un excelente novelista, y Premio Nobel de Literatura, sobre temas económicos.

Stiglitz, el Premio Nobel de Economía 2001, señala que tras la Gran Depresión del 30 y el reconocimiento de otros fallos en el sistema de mercado (desde la desigualdad masiva hasta ciudades en las que es difícil vivir, sumidas en la contaminación y la decadencia):

"... esas políticas de libre mercado han sido ampliamente rechazadas en los países industrializados más avanzados, aunque sigue vivo el debate sobre cuál es el equilibrio apropiado entre el Estado y el mercado".

El sueño de un área única de "libre comercio"

La década del 90 significó también el momento propicio para que Estados Unidos iniciara su ofensiva para ampliar y fortalecer las fronteras de sus operaciones comerciales. La primera experiencia fue con Canadá y México, cuando estructuró el NAFTA (North American Free Trade Agreement), que entró en vigor en enero de 1994.

En algunos países de América Latina se produjo un fervor indisimulable para incorporarse al tratado de libre comercio, que comprendía a los tres países de América del Norte. En Argentina, el ministro de Economía Domingo Cavallo (n. 1946), autor de la teoría de la Convertibilidad, que igualó 1 a 1el valor del peso argentino con el dólar, pregonaba las ventajas de una eventual incorporación a plena voz y públicamente. Esas manifestaciones no podían menos que molestar a Brasil, que integraba el Mercosur conjuntamente con Argentina, Paraguay y Uruguay.

Aprovechando esa situación favorable, Bill Clinton convocó, en 1994, en la ciudad de Miami, la primera Cumbre de las Américas, con el objetivo declamado de estructurar un mercado único de Alaska a Tierra del Fuego.

La declaración final lo decía claramente:

"Por consiguiente, decidimos iniciar de inmediato el establecimiento del 'Área de Libre Comercio de las Américas' en la que se eliminarán progresivamente las barreras al comercio y la inversión. Asimismo, resolvemos concluir las negociaciones del 'Área de Libre Comercio de las Américas' a más tardar en el año 2005, y convenimos en alcanzar avances concretos hacia el logro de este objetivo para el final de este siglo. Reconocemos el progreso que ya se ha obtenido a través de las acciones unilaterales de cada una de nuestras naciones y de los acuerdos comerciales subregionales de nuestro hemisferio. Sobre la base de los acuerdos subregionales y bilaterales existentes, ampliaremos y profundizaremos la integración económica hemisférica, haciéndolos más parecidos.

"Conscientes de que la inversión constituye el principal motor del crecimiento en el hemisferio, la alentaremos, colaborando en el establecimiento de mercados más abiertos, transparentes e integrados. En este sentido, nos comprometemos a crear mecanismos sólidos que promuevan y protejan el flujo de inversiones productivas en el hemisferio, y fomenten el desarrollo y la integración progresiva de los mercados de capital".

La declaración, que fue aprobada en Miami en diciembre de 1994, como puede apreciarse, era el Consenso de Washington en estado puro.

La situación en que se hallaba la Casa Blanca era inmejorable para impulsar este tipo de iniciativas; era dueña de una economía sólida, un presupuesto con superávit y un presidente con amplia imagen positiva.

En el escenario mundial, y ya desaparecida la Unión Soviética, Estados Unidos se presentaba como el eje de un mundo unipolar, en el que predominaba el pensamiento único.

Paralelamente a ese escenario favorable para la estrategia de Washington, al sur de México se multiplicaban los apoyos para los proyectos que llegaban desde el norte.

Uno de los presidentes sudamericanos favoritos para impulsar el Consenso de Washington fue el argentino Carlos Saúl Menem (n. 1930), quien fue reelegido en 1995 para un segundo mandato.

El mejor alumno

Carlos Menem, con el único antecedente de haber gobernado la provincia de La Rioja, una de las más pequeñas y de escaso desarrollo económico de Argentina, logró ganar su primera elección presidencial enarbolando las banderas populares del peronismo, con un ambicioso programa electoral que hacía eje en la producción, el aumento de salarios y el análisis de la legitimidad de la abultada deuda externa argentina.

El programa fue abandonado apenas comenzó su primer gobierno. No sin cierta impunidad, Carlos Menem reconoció, tiempo después, que si hubiese dicho lo que pensaba hacer, no lo habrían votado.

En el caso de Carlos Menem se cumplía la paradoja que subrayaban James Petras y Morris Morley, en un trabajo sobre los ciclos políticos neoliberales. Los politólogos estadounidenses señalaban:

"Lo que confunde a los analistas de la política de la región ha sido la reticencia de los votantes a repudiar estos regímenes en las urnas: los devastadores fracasos socioeconómicos no han obstaculizado la elección de regímenes sucesores comprometidos con políticas de la misma clase".

Los autores subrayan que otra paradoja llama igualmente la atención:

"Mientras la oposición política, explotando la hostilidad del electorado, ha logrado hacer exitosas campañas eleccionarias, desalojando de ese modo a los gobiernos liberales, una vez que ha accedido al poder el nuevo régimen ha repudiado de manera invariable y sistemática su postura electoral crítica, abocándose a una profundización de la agenda neoliberal de su predecesor".

Contemporáneamente con la aplicación a rajatabla del plan neoliberal, Menem proclamó su adhesión incondicional a los postulados de Washington. Impulsó una política de "relaciones carnales" con Estados Unidos; durante la primera guerra del Golfo envió un grupo de navíos en apoyo a la coalición que enfrentaba a Irak; ubicó a Argentina como aliado extra OTAN de la Casa Blanca; retiró al país del Movimiento de No Alineados. No quedaba duda de que Carlos Menem era una de las cartas favoritas para la implantación de estrategia estadounidense.

Por eso no extrañó que el presidente argentino haya compartido con Bill Clinton la tribuna de oradores en la inauguración de la asamblea conjunta del Fondo Monetario Internacional y del Banco Mundial, en octubre de 1998. La invitación a Menem para ocupar un lugar destacado en la asamblea financiera más importante del escenario internacional tuvo la intención de mostrar a Argentina como ejemplo mundial exitoso, a través de un alumno aplicado que implementaba a rajatabla las políticas ortodoxas de ajuste del Fondo Monetario. Se exponía con Menem un ejemplo contundente de cómo se pueden aplicar políticas de ajuste y ganar elecciones. Éste devolvió atenciones y tuvo un discurso fervoroso en defensa del rol del Fondo Monetario Internacional.

Por otra parte, en el esquema del presidente argentino que exhibía a su país lejos del Tercer Mundo, este escenario internacional le permitía diferenciarse de otros estados emergentes, entre ellos, algunos de Latinoamérica que criticaban las políticas de los organismos financieros internacionales.

Contra la receta

Como contrapartida de los ejemplos que el FMI procuraba identificar como exitosos, Joseph Stiglitz, en su libro *Malestar en la globalización*, se explaya sobre una experiencia personal en Malasia, como integrante de un grupo de trabajo del Banco Mundial.

El testimonio se inscribe en el marco del tembladeral del este asiático, a fines de 1997, considerada la primera gran crisis de los mercados globalizados. Todo comenzó con una devaluación monetaria en Tailandia, a la que sucedieron medidas similares en Malasia, Indonesia y Filipinas. Las repercusiones llegaron hasta Taiwán, Hong Kong, Singapur y Corea del Sur.

Malasia fue uno de los países que se negó a adoptar la fórmula que proponía el FMI. Ello le valió severas críticas de la comunidad financiera internacional. Una de las medidas que más oposición generaba en el escenario mundial era un severo control de capitales. Los economistas de Wall Street y el FMI anunciaron sonoramente que los inversores extranjeros se quedarían fuera por miedo, durante varios años.

El desenlace fue distinto. Subraya Stiglitz:

"Mi equipo en el Banco Mundial trabajó con Malasia para convertir los controles a los capitales en un impuesto a la salida de divisas. Las cosas sucedieron como se había planeado. Malasia suprimió el impuesto según lo prometido: un año después de la imposición de los controles. En el plazo de un año, Malasia reestructuró sus bancos y sus empresas, y demostró que los críticos, que habían afirmado que sólo con la disciplina derivada de los mercados libres de capitales los gobiernos se toman las cosas en serio, se habían equivocado una vez más. En realidad, Malasia hizo más progresos en esa dirección que Tailandia, que había seguido las recetas del FMI".

Deuda externa y eterna

En la declaración final de la Cumbre de las Américas en Miami, la deuda externa había merecido solamente un breve párrafo:

"Reconocemos que a pesar de los avances considerables en la solución del problema de la deuda en el hemisferio, la carga que representa un elevado endeudamiento externo continúa obstaculizando el desarrollo de algunos de nuestros países".

La realidad, sin embargo, indicaba que el endeudamiento externo, consecuencia directa de los programas neoliberales, preocupaba desde tiempo atrás a distintos sectores de Latinoamérica. Ya en 1983, en su informe a la VII Cumbre de los Países No Alineados, en la India, Fidel Castro, como presidente del Movimiento, en su informe central señalaba:

"Hoy en día, cuando una abrumadora carga financiera amenaza seriamente las economías subdesarrolladas, cuando la espiral del endeudamiento parece conducir a un desastre impredecible, los problemas del financiamiento externo del Tercer Mundo pasan necesariamente a un primer plano. El agudo empeoramiento producido en las relaciones económicas internacionales del Tercer Mundo, en medio de la disponibilidad de un apreciable volumen de capital excedentario en el mundo capitalista desarrollado, creó las condiciones para que los flujos financieros se convirtieran en un auténtico generador de endeudamiento, dependencia y dominación aún mayores para los países más pobres".

Y luego ponía en claro un término equívoco asociado a menudo al ingreso de fondos externos:

"Un análisis objetivo de la realidad revela que este financiamiento externo, que por el mero hecho de dirigirse al Tercer Mundo se ha denominado muchas veces *para el desarrollo*, no ha contribuido en absoluto a la superación de las secuelas del colonialismo y neocolonialismo".

Si bien los conceptos podían abarcar todo el Tercer Mundo, encajaban perfectamente en la realidad latinoamericana.

Los periodistas acreditados en Nueva Delhi (me incluyo) recibíamos con sorpresa la información adicional que llegaba sobre el tema. El servicio de la deuda, los intereses que agobiaban a numerosos países, crecían a un ritmo superior al 23%, una tasa que superaba el ritmo de incremento de la deuda misma. En otras palabras, cada vez era más necesario pedir prestado para poder pagar lo que ya se debía.

Entre los trabajos que se entregaban en el centro de prensa, algunos resultaron premonitorios. Uno de ellos subrayaba que en un plazo de siete años sería imposible para las economías de los países subdesarrollados pagar la enorme carga de servicios financieros y sobrevivir al mismo tiempo. Se anticipaba que, de mantenerse la tendencia de ese momento, lo cual ocurrió, en el futuro cercano esos pagos insumirían cerca del 40% de todos los ingresos provenientes de las exportaciones de bienes de un país.

Los datos eran más que preocupantes: la deuda externa de los países subdesarrollados había crecido de algo más de sesenta mil millones de dólares en 1971 a un monto superior a los seiscientos mil millones en 1982.

En cuanto al servicio de la deuda, en el mismo lapso pasó de quince mil millones de dólares a ciento veinte mil millones de la misma moneda. La Cumbre de las Américas de Miami parecía no conocer estos datos, a tenor del reducido párrafo que le dedicó al tema. dos años después de la Cumbre de Nueva Delhi, en Latinoamérica se potenció el debate sobre la deuda externa, al mismo tiempo que se verificó un avance de los regímenes democráticos en reemplazo de gobiernos militares.

En Argentina, por ejemplo, que dejaba atrás siete años de una feroz dictadura militar, asumía el doctor Raúl Ricardo Alfonsín (1927-2009), quien desde un primer momento prometió analizar la legitimidad de la deuda externa, que había aumentado, entre 1975 y 1983, de siete mil ochocientos millones a cuarenta y cinco mil millones de dólares.

También se habló, en su campaña electoral, de conformar un club de países deudores, para mejorar las condiciones de negociación con los acreedores externos. Luego no hubo investigación sobre legitimidad, y tampoco se conformó el club de deudores. Cada país discutió individualmente y así se facilitó la labor de las entidades prestamistas. Resulta interesante señalar, para la polémica instalada con los sectores fundamentalistas del mercado sobre la transparencia de las transacciones, que en 1984, el Banco Mundial estimó que el 44% de la deuda externa argentina correspondía a la evasión de capitales.

Estos datos los consigna Julio Sevares en su libro *Por qué cayó la Argentina*, en un capítulo muy importante para entender el mecanismo que no solamente precipitó a Argentina al abismo, sino también al conjunto de los países de la región.

En marzo de 1985, un largo reportaje del diario *Excélsior* de México sobre Fidel Castro comenzó a encender las luces de alarma continental. En un párrafo se condensaba, a juicio del líder cubano, lo que era la gravedad de la situación:

"... lo más fundamental es que, cuando la crisis de la década del 30, no existía prácticamente una deuda externa en América Latina. Ahora tenemos una crisis mayor, problemas sociales acumulados incomparablemente mayores y una deuda de trescientos sesenta mil millones de dólares. Un análisis matemático de esta situación demuestra que esa deuda es impagable, lo mismo si se analiza la situación de conjunto que si se analiza la situación individual de los países: en algunos casos es más grave, pero en todos los casos, sin excepción, es grave".

Unos meses después del artículo del *Excélsior*, en julio de 1985, asistí a un seminario continental sobre el problema de la deuda externa latinoamericana, que sesionó en La Habana, con la presencia de representantes de todos los países de la región. En las distintas intervenciones, con muy pocas excepciones, los participantes coincidieron en la gravedad de la cuestión.

Las incipientes democracias latinoamericanas enfrentaban un gran desafío: las deudas ponían un escollo insalvable al crecimiento. Autores como James Petras consideran que contemporáneamente con esa contradicción (deuda y crecimiento), muchos gobiernos declinaron su programa y estalló lo que el analista estadounidense denomina la "Primera ola neoliberal", en el marco de la cual se estableció la prioridad del pago de la deuda externa a expensas del desarrollo social y económico interno.

Esta primera ola fracasó, y la derrota de Raúl Alfonsín, abandonando antes de tiempo la Presidencia en manos de Carlos Menem, es un ejemplo lamentable y doloroso, teniendo en cuenta lo que significó la personalidad de Alfonsín en la recuperación democrática del país.

En ese mismo año, 1989, en el que Alfonsín enfrentaba dificultades para la continuidad de su gobierno, se producía en Venezuela el levantamiento popular conocido como el Caracazo, que dejó un saldo de varios centenares de muertos. ¿Cómo se llegó a esa situación en un país con la enorme riqueza petrolera que posee Venezuela?

Agobiado por la deuda externa, el presidente Carlos Andrés Pérez (1922-2010), elegido por mayoría absoluta, decidió someterse a un clásico plan de ajuste orientado por el FMI. El esquema era conocido: liberación del sistema financiero; anuncio del incremento de las tarifas de servicios públicos en un 30%; eliminación progresiva de los aranceles a la importación; reducción del déficit fiscal a no más del 4% del producto territorial bruto y congelamiento de cargos en la administración pública. Los resultados fueron catastróficos.

A esa primera ola neoliberal le siguieron una segunda y finalmente una tercera en la primera parte de la década del 90. El resultado no fue distinto al registrado en Argentina y Venezuela.
A contramano de los índices que señalaban una delicada
situación en Latinoamérica, la Casa Blanca, los ideólogos del
Consenso de Washington y sus voceros en cada uno de los países seguían adelante con sus planes de unificar el mercado de
Alaska a Tierra del Fuego. Parecían no ver, o no querer ver. No
sólo había cambios en la estructura económica y social, en el
terreno político se producían verdaderos terremotos que cambiaron de cuajo el escenario regional.

Al triunfo de Hugo Chávez (n. 1954) en 1998, le siguió,
en 2001, la catástrofe del gobierno de Fernando de la Rúa
(n. 1937) en la Argentina, que significó el primer paso para la
elección de Néstor Kirchner (1950-2010), dos años después.

En ese mismo año, 2003, triunfó Lula da Silva (n. 1945) en
Brasil. En marzo de 2005, en Uruguay, por primera vez en la
historia se rompió la alternancia bipartidista y ganó las elecciones el Frente Amplio, de orientación izquierdista. Fue electo
presidente Tabaré Vázquez (n. 1940).

Mientras tanto, en Washington seguían enfrascados en sus guerras en Afganistán e Irak y pensando en el Área de Libre Comercio de las Américas, como si nada hubiese pasado en la región.

El fracaso del ALCA

En noviembre de 2005, en la ciudad de Mar del Plata, llegó el
momento de la verdad durante las deliberaciones de la IV Cumbre de las Américas.

El formato seguía siendo el mismo que el de Miami 1994,
pero Latinoamérica era ya otra.

Llegué a esta ciudad balnearia argentina, para cumplir con
mi tarea como periodista de temas internacionales. En la ciudad
había una gran agitación. Las calles estaban prácticamente blin-
dadas. Unidades navales patrullaban la costa marítima. Decenas
de helicópteros formaban parte del mecanismo de seguridad,

frente a la presencia de George Bush. Paralelamente a las tareas en el centro de prensa, las miradas estaban puestas en el complejo deportivo, construido en ocasión del Mundial de Futbol de 1978. Allí sesionaba la paralela Cumbre de los Pueblos.

Una mañana lluviosa, el estadio de futbol comenzó a llenarse desde temprano. Llegaban a sus tribunas Diego Armando Maradona, las Madres y Abuelas de Plaza de Mayo, Evo Morales, por entonces, un reconocido líder gremial boliviano. El cubano Silvio Rodríguez y el uruguayo Daniel Viglietti amenizaban la espera, junto a miles de participantes llegados desde toda Argentina y algunos países limítrofes. Desde Cuba había arribado una numerosa delegación (tuve la oportunidad de entrevistar, en esa oportunidad, al múltiple campeón olímpico de boxeo, Teófilo Stevenson).

Al mediodía, una ovación saludó la presencia de Hugo Chávez, quien anticipó el duro debate que se estaba dando en la sesión plenaria. De regreso al centro de prensa, ya circulaba el rumor de que no habría documento final. En esos días ajetreados, sólo pude intercambiar un saludo de ocasión con el entonces canciller argentino, Rafael Bielsa. Años después, en encuentros donde hablamos de música, futbol y poesía, que son tres de las tantas pasiones de Bielsa, la Cumbre de Mar del Plata no estuvo en nuestra agenda de conversación.

Rafael Bielsa (n. 1953) pertenece a una familia muy particular. Su abuelo y su padre, los dos también de primer nombre Rafael, se han destacado en la ciencia jurídica, en la rama del derecho administrativo. Su madre Lida Silvia, fue profesora de castellano e historia en colegios de enseñanza media. Su hermana, María Eugenia, arquitecta, fue vicegobernadora de la provincia de Santa Fe en el periodo 2003-2007 y en los comicios de 2011 se convirtió en la diputada provincial santafesina que obtuvo el mayor caudal de votos.

Su hermano, Marcelo Bielsa (n. 1955), alias "El Loco", es conocido en otros ámbitos. En la actualidad es el entrenador del equipo de futbol del Atlético de Bilbao, después de haber sido director técnico de las selecciones nacionales de Argentina y Chile. El estadio del Club Atlético Newell's Old Boys de

Rosario, equipo al cual dirigió y con el cual ganó el campeonato nacional de futbol, lleva su nombre.

El doctor Rafael Bielsa, nieto, es en la actualidad el responsable en Argentina de Sedronar (Secretaría de Programación para la Prevención de la Drogadicción y la Lucha Contra el Narcotráfico). Ésta es una Secretaría de Estado con rango ministerial, y Bielsa fue nombrado por Cristina Fernández de Kirchner (n. 1953). Volví a encontrarme con Rafael Bielsa cuando ya avanzaba en la escritura de este libro. A través del correo electrónico, sin olvidarnos del futbol, la música y la poesía, le solicité compartir con los lectores de este texto su testimonio privilegiado sobre la IV Cumbre de las Américas de Mar del Plata. Bielsa lo tituló "Recuerdos del futuro". Y esto es en parte lo que me hizo llegar:

"Mientras en el Hotel Hermitage de Mar del Plata, el viernes 4 de noviembre de 2005, se sucedían en los pisos bajos las retóricas iniciáticas de la IV Cumbre de las Américas, yo tenía –en tanto canciller argentino– preocupaciones adicionales a las protocolares y auditivas.

"Distintas versiones, alentadas y exaltadas por cierta prensa aborigen, indicaban que si no había acuerdo sobre incluir en la declaración final un señalamiento inequívoco sobre la reanudación de las negociaciones acerca del ALCA, el presidente George W. Bush no vendría a Argentina. 'El hombre más poderoso del mundo', escandalizaban los escribas con el documento argentino pero el ADN en Washington.

"Discutíamos con la Secretaria de Estado, Condoleezza Rice, lo que en diplomacia se llama *wording*, esto es, el texto consensuado de un acuerdo. En mi habitación del hotel, la clara instrucción política de Néstor Kirchner de no conceder lo perjudicial para nuestro país y la región convivía con las sonrisas socarronas que imaginábamos dibujarse en quienes deseaban que Bush no viniera, lo que iban a presentar mediáticamente como un ridículo de la diplomacia argentina y del país.

"Redondeamos un texto y se lo leímos a Rice. 'No es eso lo que necesitamos', nos respondió. No era lo que necesitaba Estados Unidos, tradujimos, antes de volver a las vocales y las consonantes.

"Como escribas monásticos en nuestro scriptorium, los manuscritos pasaban de mano en mano, intercalándose consultas con los socios de Mercosur. Entretanto, no todas las contorsiones retóricas se quedaban en palabras. Mientras en los pisos de arriba torturábamos las expresiones, en el salón de los discursos de recepción hablaba Néstor Kirchner.

"Conservo la grabación completa de las jornadas del viernes y del sábado, en imágenes y en audio. Por razones que tienen que ver con el modo como administro mis afectos, no la he vuelto a ver desde entonces.

"Murió Néstor Kirchner. Pero soy capaz de releer lo que el presidente argentino dijo en aquella ocasión.

"Hablaba de crear 'trabajo decente'. Nunca me llevé bien con esa expresión, ni con la de 'trabajo digno'. No hace mucho leí un reportaje hecho a Julio Zarza, excepcional comunicador de los sectores más vulnerables de la Ciudad de Buenos Aires. 'Mi padre era albañil; mi madre, ama de casa y trabajaba en el servicio doméstico', contó. 'Mi vieja, una luchadora. Hasta el día de hoy, la imagen que tengo de ella es levantándose a las cinco de la mañana, a veces acostándose a las tres, haciendo arreglos de ropa con la máquina de coser; dentro de ese contexto, haciendo lo mejor para nosotros. Muchas veces se habla de 'vivienda digna' o 'trabajo digno'. En ningún momento puedo decir que lo que pasé fue indigno, porque nadie puede dar el valor de dignidad que había en todo eso, que para mí fue grandísimo'.

"El viernes 4 de noviembre de 2005, promediando la tarde, Kirchner no hablaba sólo de trabajo decente. Aquella uniformidad pretendida por lo que dio en llamarse el Consenso de Washington, decía a sus huéspedes, dejó evidencia empírica respecto del fracaso dichas teorías. 'Nuestro continente, en general, y nuestro país, en particular, es prueba trágica del fracaso de la teoría del derrame'. Le pareció poco y añadió: 'En nuestro país, con mucho esfuerzo compartido, pero sin ayuda alguna del Fondo Monetario Internacional, tras reducir en términos netos más de catorce mil novecientos millones de dólares nuestra deuda con organismos multilaterales de crédito, y obtener una exitosa reestructuración de la deuda, superando el *default*, hemos logrado importantísimos avances en (la) lucha por la equidad'. Para ir redondeando, agregó que existía un claro consenso internacional en torno de la necesidad de reformar y actualizar los organismos surgidos de Bretton Woods, así como respecto de la necesidad de 'introducir mejoras en el funcionamiento del sistema financiero para una economía globalizada'. También arremetió contra un sistema de comercio internacional injusto 'para los productos agrícolas, donde los subsidios y medidas paraarancelarias de los países desarrollados continúan impidiendo que nuestros países puedan crecer plenamente con sus recursos genuinos'. No fue sólo lo que dijo, sino ante quién lo dijo, quién lo dijo y cuándo lo dijo. 'El tiempo es veloz', como canta David Lebón.

"De pronto sonó el teléfono en mi habitación: era la Secretaria de Estado al habla. Cuando atendí, escuché por detrás de la voz de mi colega un ruido uniforme como de marea que subía. Le leí el párrafo en el que estábamos y le pregunté su opinión: 'Es horrendo', escuché que decía. También escuché el rumor de la marea. No era un fenómeno marítimo, sino las turbinas del Air Force One, el avión presidencial estadounidense. Supe que habían embarcado y estaban volando hacia Mar del Plata, donde los esperaba un operativo de seguridad con más de siete mil quinientos agentes. También la 'Anticumbre', en la que Hugo Chávez y Maradona harían de las suyas. Chávez haría más de las suyas en el curso de las sesiones plenarias.

"Supe también que la suerte estaba echada, fuese ésta cual fuere. Habíamos sido capaces de organizar la IV Cumbre, a pesar de las dudas mordaces y tenaces de alguna prensa atlantista. Bush aterrizaría a las 20.07 del viernes 4, bajo una llovizna disfrazada de bruma espesa. Néstor Kirchner y Hugo Chávez, acompañados de un Mercosur enhiesto como nunca, harían historia.

Las sesiones plenarias comenzaron en la mañana del sábado 5. Una mañana como un Aleph borgiano: el universo entero, todos los tiempos, pasado, presente y futuro, el infinito, el ojo de Dios.

"La tormenta comenzó a poco de andar: presidida por el presidente Néstor Kirchner, la sesión exhortó a los mandatarios a referirse a la necesidad de promover el desarrollo a través de la generación de empleo. Ya se sabe que no son ni siquiera parecidos los empleos en Canadá o en Paraguay. Rápidamente el primer ministro canadiense Martin y Bush lo pusieron en blanco sobre negro, considerando que las condiciones laborales en sus países eran un derecho constitucional y que pretender idénticos términos en nuestros países era una tentativa de extorsión. Curiosamente, Fox –presidente de México– tomó partido por los países donde se trabaja en condiciones más dignas de lo que se trabajaba en el suyo. Kirchner le espetó a los tres: 'No han sido invitados para que nos vengan a patotear'. Se produjo un silencio. Los traductores hesitaron. Los hispanoparlantes se erizaron, de satisfacción o de temor reverencial. Luego todo continuó *in crescendo*.

"Pasado el mediodía, algunos fuimos a un recinto contiguo a conversar sobre cómo seguíamos. Recuerdo a Lula, a Tabaré Vázquez, a Celso Amorin, el óptimo canciller brasileño; recuerdo a Kirchner.

"Cuando regresábamos para hundirnos en el pandemónium, Samuel Lewis Navarro (primer vicepresidente y ministro de Relaciones Exteriores panameño), interceptó a Kirchner, que hablaba conmigo. 'Presidente, presidente y amigo: una pequeña concesión, se lo pido, un esfuerzo más. Le ponemos una fecha, fíjese, sólo la fecha de reiniciación de las negociaciones por el ALCA a la declaración final, y esto termina de fiesta'. Kirchner se detuvo como poseído por un relámpago interior: 'Panamá, ¿no?, Panamá... Si lo pudiera escuchar el general Omar Torrijos, se revolvería de asco en su tumba'. El panameño se escurrió como el agua de lluvia por un desagüe. Caminamos dos pasos más y sentí la mano de Kirchner sobre mi espalda: 'Ahora, Rafael, presidís vos'. Mejor me hubiera hecho cargo de cortarle las cabezas a la hidra de Lerna.

"Miré la sala, a los mandatarios ocupando sus lugares, me dirigí hacia la presidencia y recordé que existe un gremio más temible que el de los corsarios, si tuvieran gremio, que es el de los traductores. Teníamos multilingüismo exactamente hasta las 18 horas. Ni un segundo más. Era como resolver un cubo de Rubik, salvo que orgánico y con hora de vencimiento.

"Tengo muchos recuerdos de aquellos momentos, pero Chávez es el excluyente. Pidió la palabra y se la di. Estaba rodeado de libros usados y tenía un portalápices con muchos de ellos de punta afilada. Como su retórica. A los diez minutos pretendí dar paso al próximo expositor. 'Bielsa –me dijo–, pero Bielsa, si no me dejas hablar me ahogo". Allí vino lo mejor.

"El ALCA –desgranó volcánico–, proyecto del ALCA, es un tratado de adhesión y una herramienta más del imperialismo para la explotación de Latinoamérica'. Cito de memoria, pero en el lugar en donde arde.

"Luego, uno por uno, fue dirigiéndose a los mandatarios de los países del CARICOM (Comunidad del Caribe): Antigua y Barbuda, Barbados, Dominica, Granada, Guyana, Jamaica, Saint Kitts y Nevis, San Vicente y las Granadinas...'Tú –dirigiéndose a algún rostro que mostraba su ascendencia de abuelo esclavo–, tú, dime, que enciendes cada día el automóvil que te transporta con el petróleo que te envía la República Bolivariana de Venezuela, tú, ¿estás con Bush o con los pueblos libres del yugo imperialista?' Vi cómo cada uno de sus interlocutores, angloparlantes casi todos, bajaba la mirada ante aquella convicción demoledora.

"Faltando segundos para las 18 horas, las deliberaciones se cerraron con toda felicidad. En el lenguaje de la OEA: 'otros miembros (posición Mercosur y Venezuela) sostienen que todavía no están dadas las condiciones necesarias para lograr un acuerdo de libre comercio equilibrado y equitativo, con acceso efectivo de los mercados, libre de subsidios y prácticas de comercio distorsivas y que tome en cuenta las necesidades y sensibilidades de todos los socios, así como las diferencias en los niveles de desarrollo y tamaño de las economías'. Las condiciones no estaban dadas ni lo volvieron a estar. Como por entonces subrayó Néstor Kirchner, los subsidios y medidas paraarancelarias de los países desarrollados impiden que nuestros países crezcan genuinamente.

"Todo ejercicio de memoria escrito al correr de la pluma corre el riego de la inexactitud. Pero aun inexacta, la justicia sigue siendo justa".

El "fantasma del populismo"

La caída del Muro de Berlín, la desaparición de la URSS y el campo socialista europeo repercutieron con gran fuerza en el debate latinoamericano. Si bien persiste la experiencia cubana por parte de los sectores tradicionales de la región, ya no se erige el socialismo-comunismo como el enemigo a batir: ahora lo es el populismo. Éste ocupa casi la totalidad de los desvelos de las fundaciones y organismos que se atribuyen el rol de salvadores de Latinoamérica e, incluso, de Occidente.

Un ejemplo de ello es la Reunión Regional de la Mont Pelerin Society, que deliberó en Buenos Aires del 17 al 20 de abril de 2011, bajo el título "El desafío del populismo a la Libertad de Latinoamérica".

El invitado estelar fue Mario Vargas Llosa, quien compatibilizó su rol de flamante Premio Nobel de Literatura, interviniendo en la Feria del Libro de Buenos Aires, con su condición de adalid del liberalismo, participando en el seminario de la Mont Pelerin.

Los nombres destacados eran, entre otros: Ed Feulner, ex presidente de la entidad organizadora y presidente de la Heritage Foundation de Estados Unidos, y Andrei Illarionov, del Instituto Cato.

A través de una videoconferencia desde la Universidad de Chicago, se anunciaba la intervención de Gary Becker, Premio Nobel de Economía en el año 1992. En el día final del encuentro se realizó una mesa redonda con un título que parece ser el desvelo de los popes liberales: "¿Por qué el populismo es tan popular y el capitalismo tan temido en el mundo actual?". Una pregunta surge cuando se registra una verdadera cruzada internacional para debatir sobre el populismo y sus peligros. ¿Qué es en realidad lo que preocupa y asusta?

El mismo Vargas Llosa, en un momento en que Argentina llegó a parámetros económicos y de crecimiento inéditos, sobre todo teniendo en cuenta la grave crisis del 2001/02, lamentó la "decadencia" argentina, al recordar que "fue un país moderno, desarrollado, culto, que consiguió erradicar el analfabetismo cuando Europa estaba subdesarrollada". Y quien parecía haber estado mirando otra película, agregó que "el gobierno de Argentina representa esa decadencia". Como de todos modos es un intelectual que se siente en la obligación de no sembrar desaliento, agregó: "Mi esperanza es que sea una situación pasajera transitoria y que Argentina se recupere". A tal punto llegó su rechazo a la libertad que dice propugnar, que olvidó que los gobiernos de Néstor y

Cristina Kirchner se debieron a la elección democrática a través del irrestricto voto popular, y que éste debe ser respetado también en la figura de los funcionarios elegidos, a los que endilgó "pobreza intelectual". Respecto de la presidente, dijo: "Basta oírla hablar para ver lo que es populismo y demagogia". Otra vez la temida palabra: *populismo*. En su trabajo *La alternativa neopopulista. El reto latinoamericano al republicanismo liberal*, Roberto Follari señala que el neoliberalismo selló a fuego:

"… la identidad semántica entre libertad en general y libre mercado. De tal modo, la libertad de comerciar –en uso sólo para quienes disponen de capital previo para intervenir– se asume como si fuera la madre de todas las libertades".

A partir de la formulación "si hay libre mercado hay libertad", se disparan una serie de formulaciones que niegan numerosas evidencias en contrario, como puede ser el caso del Chile de Pinochet. Paralelamente al manejo de términos como *dictadura, totalitarismo, mesianismo*, se llega al populismo.

De esa manera, en una formulación simple y maniquea, América Latina quedaría dividida, de un lado, en países en los que impera la democracia de libre mercado y, en el otro extremo, los populismos que arrasan con las libertades, asemejándose a una dictadura.

Como una continuidad de la reunión organizada por la Mont Pelerin Society, se ubica la Tercera Edición de Campus FAES Argentina, que se llevó a cabo durante los días 14, 15 y 16 de marzo de 2012, en la Legislatura de la Ciudad de Buenos Aires.

En esa oportunidad, la figura más destacada fue el político español José María Aznar, quien preside FAES (Fundación para el Análisis y los Estudios Sociales).

Los nuevos "peligros"

Pocos días después del encuentro en Buenos Aires, Mario Vargas Llosa, a través de su Fundación Internacional para la Libertad, organizó en Lima el Seminario Internacional "América Latina: oportunidades y desafíos".

El temario fue casi idéntico al organizado por la fundación orientada por el ex presidente del gobierno español. En la capital peruana hubo presencias destacadas, entre ellas, varios ex presidentes, como el colombiano Álvaro Uribe, el boliviano Jorge Quiroga; Vicente Fox, de México, y Luis Alberto Lacalle, de Uruguay. Alejandro Toledo, como ex Presidente de Perú, compartió experiencias con Josefina Vázquez Mota, hasta el momento de editar este libro, candidata presidencial en México por el oficialista PAN.

También aportó sus opiniones el cubano de nacimiento Carlos Alberto Montaner, quien se ha convertido en predicador itinerante de las bondades de la libertad de mercado.

Con el indiscutido aval del triunfo del Partido Popular en las elecciones españolas de noviembre de 2011, Aznar llegó a Argentina para difundir el documento de su Fundación, en el que participaron destacadas figuras del pensamiento neoliberal de América Latina.

El eje del documento, con el título "Una agenda para la libertad", hace una enérgica defensa de Occidente, como cuna de los valores que han permitido los mayores avances de la humanidad. Entre ellos: democracia, estado de derecho, derechos humanos y libertades individuales. A continuación de ese encuadre, Aznar, a través de su Fundación, manifiesta sus temores:

"Lamentablemente, hay quienes rechazan esos valores y están dispuestos a acabar con ellos. Amenazas como las que ayer encarnaron el nacionalsocialismo o el totalitarismo comunista están hoy en el islamismo radical, en el populismo revolucionario y en el nacionalismo excluyente. Es la vieja lucha entre la civilización y la barbarie, entre la sociedad abierta y el totalitarismo, entre la libertad y la dignidad de las personas y la tiranía".

Al hacer este identificación del populismo revolucionario con otros sistemas políticos, es interesante volver al trabajo de Roberto Follari, para entender mejor de qué hablamos cuando nos referimos al populismo. Subraya el académico argentino:

"Por otra parte, los populismos no son expansivos, implican privilegiar al pueblo sobre las elites, pero no al propio pueblo por sobre pueblos vecinos (o no tanto), como sucedió en el caso del nazismo".

En 2012, en una conferencia de prensa dada en España, también Vargas Llosa hacía el dudosamente válido parangón populismo-nazismo, refiriéndose una vez más a Argentina, que, a sus ojos y a despecho de todas las estadísticas, se encuentra inmersa en el desastre:

"Hay un flagelo que se imponen los propios argentinos y que se llama *peronismo*. Bueno, no es el único caso en la Historia: los alemanes con Hitler hicieron una cosa parecida y por lo menos han salido de eso. La tragedia de Argentina es que nunca ha salido de eso".

Los exabruptos del genial autor de *Conversación en la catedral* no parecen obedecer a una actitud senil, sino a una consciente adscripción a postulados tan cerrados que en su obtusa visión no se detienen ante las consideraciones que merecen los representantes de la voluntad del pueblo, si éstos no se atienen a las reglas de la irrestricta "libertad de mercado". En cuanto a su incontinencia verbal, recordemos cuando en 2011, en relación con las elecciones presidenciales en su país natal manifestó:

"¿Humala o Keiko? Es elegir entre el sida y el cáncer, una disquisición bastante académica".

Cuando más adelante la prensa le dio la oportunidad de moderar el tono de sus expresiones, Vargas Llosa no hizo sino ratificarlas. La hija de Fujimori había comentado sobre sus virulentas apreciaciones:

"Lamento que el señor Vargas piense de esa manera, porque es una falta de respeto para la población que respalda la candidatura de Ollanta Humala y la mía".

Ya en 1990, invitado en México a un debate sobre el compromiso político y la libertad, Vargas Llosa había herido los sentimientos de sus anfitriones al hacer una vez caso omiso a las opciones del electorado local, más allá de que cuajaran con sus simpatías políticas o no, aun sabiendo que las simpatías del escritor peruano son más bien de modelo económico en primer término. Allí dijo Vargas Llosa:

"México es la dictadura perfecta. La dictadura perfecta no es el comunismo. No es la URSS. No es Fidel Castro. La dictadura perfecta es México".

Y su mencionada incontinencia no se detuvo allí, para incomodidad de Octavio Paz que seguía desde cerca sus palabras:

"Es la dictadura camuflada. Tiene las características de la dictadura: la permanencia, no de un hombre, pero sí de un partido. Y de un partido que es inamovible".

Follari señala que el populismo no es exclusivo de nuestra región, pero sí es predominantemente latinoamericano y propio del capitalismo periférico. Hubo, según el autor, populismos conservadores, como el de Velasco Ibarra (1893-1979) en Ecuador, y otros progresistas, como Omar Torrijos (1929-1981) en Panamá, Lázaro Cárdenas (1891- 1970) en México o Juan Domingo Perón en Argentina.

Ubicando el tema en el siglo XXI, Follari destaca que el populismo al que asistimos en Latinoamérica es inédito y tiene un tinte anticapitalista más marcado que el de sus antecesores, por lo que no es casual que la ex Secretaria de Estado, Condoleeza Rice, haya definido al populismo radical como el nuevo enemigo de los intereses estadounidenses en Latinoamérica. Y agrega Follari:

"Populismos que, a pesar de lo atacada que ha sido su denominación, se constituyen en modos definidos de asunción de los intereses de los sectores subordinados, efectivamente mayoritarios en sus respectivas sociedades".

A su juicio, los populismos son modos de ejercicio democrático mucho más genuinos que las democracias parlamentarias, con lo que abona la polémica que genera el documento inspirado por la Fundación que preside José María Aznar.

El texto de FAES, conocido en Madrid a fines de 2011, no debió sorprender a nadie. Había documentos anteriores, que planteaban términos similares y cuyos títulos no dejan lugar para dudas: "OTAN, una Alianza por la Libertad" y "Por un Área Atlántica de Prosperidad".

Ahora, la preocupación por el futuro de los valores occidentales, que ya fue desplegada en Irak y Afganistán, cruzaba el océano y las recetas se trasladaban a Latinoamérica. El texto que sirvió como documento de debate en Buenos Aires lo dice claramente:

"Ante América Latina se abren dos caminos opuestos. Uno es el que siguen los países que tienen éxito: el camino de la apertura al mundo, de la democracia, del respeto por las libertades individuales y del fortalecimiento del Estado de Derecho. Un camino que atrae inversiones, genera crecimiento, incentiva a los emprendedores, crea empleo y reduce la pobreza. Un camino de éxito, democracia y libertad. El otro camino se aleja de las sociedades abiertas, libres y prósperas. Tenemos suficiente experiencia histórica —la tiranía en Cuba no es el único caso— para saber cómo acaba esa ruta. Quienes hoy proponen seguir esta vía se nutren de ideas caducas: del populismo revolucionario, del neoestatismo, del indigenismo racista y del militarismo nacionalista. Ninguna de ellas es desconocida en Iberoamérica".

El peligro maya

Aquí comienza la ubicación de los peligros para Latinoamérica. Un lugar de privilegio lo ocupa el "socialismo del siglo XXI", al cual definen como heredero del socialismo, que en el siglo XX, a su juicio, generó miseria y opresión. No puede menos que preocupar que aparezca como un peligro el indigenismo racista. Aunque no hay nombres propios, es casi obligatorio remitirse a la figura de Evo Morales (n.1959), el primer presidente indígena de Bolivia y América Latina. ¿Qué explicación tiene la mención del "indigenismo racista"?

En la tarea de poner al descubierto peligros presentes y futuros para los valores occidentales, desaparecido el peligro marxista, la FAES señala que:

"El indigenismo, al buscar la reinstauración de supuestas o míticas instituciones prehispanas, promueve peligrosas excepciones a la normalidad democrática, de la única forma en que ésta puede ser concebida: sufragio universal, igualdad ante la ley, separación de poderes, rendición de cuentas, transparencia. La idealización en clave política actual de las civilizaciones precolombinas supone la reivindicación del autoritarismo y del colectivismo".

Como se ve, el espectro de los enemigos de Occidente tiene una amplitud sorprendente, alcanza, entre otros, a incas, mayas y aztecas.

Centrándose en el orden económico, el documento subraya que el pluralismo, la libertad y la propiedad se traducen en el sistema de la economía de mercado:

"Un sistema basado en la libre iniciativa que reconoce la capacidad de emprender y de comerciar. El sistema que ha demostrado ser el mejor a la hora de generar bienestar y prosperidad".

El seminario de FAES en Buenos Aires, en el que participaron líderes políticos del PRO, el partido político que apoya la gestión de Mauricio Macri (n. 1959), jefe de gobierno de la ciudad capital de Argentina, realizó también un análisis de la década del 90. La conclusión fue que hubo una dosis insuficiente de liberalismo o neoliberalismo. Lo explican de esta manera:

"El descrédito del nacionalismo económico (proteccionismo comercial, sustitución de importaciones, hipertrofia del sector público), fundamento de las políticas desarrollistas de las décadas centrales del siglo, junto al respaldo de las instituciones crediticias internacionales, permitió impulsar reformas incipientes de orientación liberal en los años 90. Desgraciadamente, no tuvieron la profundidad y el alcance suficiente en la mayoría de los países en los que se comenzaron a aplicar".

Este camino a medio recorrer ha dejado peligros latentes, que el texto de la FAES describe con detalle:

"Cobran fuerza electoral los partidos y movimientos que apelan a las emociones antes que a la razón para ganar el apoyo popular. Es el discurso viejo y falaz del nacionalismo económico, de la retórica antiimperialista, del victimismo histórico, cuando no del racismo inverso que niega la raíz europea de las sociedades americanas".

Desde otro punto de vista, los críticos del neoliberalismo señalan que este modelo no es capaz de crear una política con crecimiento sostenido y, al mismo tiempo, la profundización de los beneficios sociales.

Frente a la pesadumbre que le produce a los defensores del libre mercado que no se hayan hecho más reformas neoliberales, la polémica está planteada en los siguientes términos: debe darse una explicación, por parte de los partidarios del modelo, de por qué el neoliberalismo entra en crisis cada vez más profunda con cada nueva oleada de ajustes, en vez de producir despegue económico y prosperidad social.

Esta fase de la polémica, sobre los fracasos de las recetas de ajuste orientadas por organismos internacionales, ayuda a explicar, también en parte, la aparición en el escenario político latinoamericano de referentes políticos que preocupan a los ideólogos neoliberales.

En ocasión de la IX Cumbre de Iberoamérica, celebrada en La Habana en 1999, tuve la oportunidad de escuchar en las propias palabras de Hugo Chávez sobre cómo había decidido su irrupción en la escena política venezolana.

En una ceremonia universitaria, acompañado en el estrado por Fidel Castro, Chávez recordó los días del Caracazo, cuando revistaba sin mando de tropas en una dependencia gubernamental. La misma noche de la represión con cientos de víctimas mortales, con un grupo de oficiales amigos, Chávez se juramentó liderar un cambio en el país. Así sobrevinieron el golpe militar fallido contra Carlos Andrés Pérez, en 1992, y seis años después, el triunfo electoral.

La imagen del diablo

Desde entonces, el "chavismo" es presentado en algunos sectores como un peligro para las democracias. Pocas veces se analiza qué relación hay entre el surgimiento del "chavismo" y el fracaso de las políticas neoliberales.

Al fenómeno político venezolano le dedicaron gran parte de los debates en el Campus de FAES, que luego reprodujeron en declaraciones periodísticas. A juicio de los participantes, los movimientos como el liderado por Chávez en Venezuela son en buena medida continuadores de grupos revolucionarios que proclaman su adhesión a las doctrinas de la izquierda radical del siglo XX. En el concierto internacional, sin mencionar a Irán, aseguran que aquellos buscan alianzas con cualquier régimen autoritario con tal de que sea antioccidental.

A partir del análisis del proceso político venezolano, minimizando que Hugo Chávez es legitimado en procesos electorales, el cónclave liberal y sus ideólogos cargan contra el socialismo del siglo XXI. Como corresponde, en primer lugar se critica el papel del Estado. El neoestatismo, definido como uno de los componentes esenciales del "socialismo del siglo XXI", es una de las grandes amenazas ideológicas para la economía latinoamericana. Se argumenta que supone una vuelta al pasado, con fórmulas que ya fracasaron en el siglo XX.

En el encuentro de Buenos Aires y otros que se sucedieron en el interior del país, el lamento se centró en que:

"… algunas izquierdas, en otras partes del mundo occidental, han tenido que aceptar que la economía de mercado es condición necesaria para el crecimiento y el desarrollo, mientras que en América Latina hay movimientos sociales –y lo que es más grave, algunos gobiernos– que siguen estigmatizando al neoliberalismo como causante de todos los males de la región".

Queda en claro que estos encuentros, organizados por distintas Fundaciones, pretenden liberar al neoliberalismo de culpa y cargo en la preocupante realidad social de la región. Los voceros del Consenso de Washington se lamentan de que:

"… ignorando las recetas que han funcionado en economías emergentes, la izquierda populista latinoamericana defiende la nacionalización de los recursos naturales y la colectivización de tierras, con el consiguiente daño al derecho de propiedad y el alejamiento de las inversiones".

Si bien el socialismo del siglo XXI es descrito con numerosos rasgos comunes en las diferentes experiencias nacionales, para los participantes de los cónclaves neoliberales el populismo es el instrumento más significativo de la experiencia, que preocupa a José María Aznar y a sus compañeros de pensamiento.

En febrero de 2006, organizado por FAES y la Fundación Preciado Hernández, se realizó en la ciudad de México el seminario "La fuerza de las ideas".

Allí, el intelectual mexicano Enrique Krauze propuso un verdadero manual para describir el populismo latinoamericano:

"El primer rasgo es el personalismo; el partido o movimiento se articula en torno a un hombre providencial, un líder carismático que inmediatamente requiere el establecimiento de un culto a la personalidad".

Pero no termina allí la imagen diabólica. El líder populista es, además, un demagogo que halaga los oídos del "pueblo", y no duda en extender su control a los medios de comunicación mediante censura y hostigamiento a la prensa libre.

Es interesante la imagen que muestra al demagogo seduciendo a "empresarios patrióticos" que se refugian en el cómodo proteccionismo. El temor se instala cuando el demagogo, según el estudio de Krauze:

"... alienta el odio de clases al alimentar los prejuicios populares contra 'los ricos' y moviliza permanentemente a los grupos sociales contra los enemigos de dentro y fuera".

A Krauze le preocupa que los populistas, y en su descripción encajan perfectamente, entre otros, Hugo Chávez, Rafael Correa, Daniel Ortega, Evo Morales, Cristina Kirchner, traten de encontrar un enemigo exterior para orientar su acción y, eventualmente, ocultar fracasos.

Sacando patente de defensor de la dependencia y haciendo borrón y cuenta nueva en la historia de la región y de su propio país, Krauze subraya :

"El imperialismo, los Estados Unidos, los organismos financieros internacionales y las multinacionales son los chivos expiatorios preferidos del populista latinoamericano".

Los nostálgicos de la década neoliberal del 90 no sólo se dedican a describir el populismo. Están preocupados porque se extiende la nefasta experiencia. Analizan el caso venezolano y, sin profundizar las responsabilidades en la crisis que sufrió el país, señalan que Hugo Chávez y su Movimiento V República no representan ningún cambio, sino que expresan la última crisis del régimen anterior. En este contexto, no deberían preocuparse si en Venezuela todo sigue igual. Pero el ejemplo que llega desde Caracas los pone en alerta. Leyendo documentos que sirven de base para la discusión en la totalidad de los seminarios que se multiplican en América Latina, se encuentra el porqué de la insistencia en ubicar el populismo como el enemigo fundamental. Así, el texto elaborado en Madrid por Aznar y sus colaboradores dice:

"El proceso se ha repetido en varios países. Primero se cuestiona a los políticos tradicionales y las instituciones en las que actúan. Como consecuencia de su pérdida de prestigio y credibilidad, se produce un cuestionamiento de los partidos políticos y del sistema democrático en su conjunto".

Se lamenta el político español de que la izquierda política y cierta parte del mundo académico hayan logrado instalar con mucha fuerza el argumento de que los males socioeconómicos del continente se deben exclusivamente a las recetas del Fondo Monetario Internacional y del Banco Mundial, conocidas como el Consenso de Washington.

El mundo académico al que aluden incluye, entre otros, al Premio Nobel Stiglitz, él mismo ex funcionario del Banco Mundial e integrante del equipo asesor de Bill Clinton. Nadie se salva de la sospecha en la mirada del ex jefe del gobierno español. No debe anotarse como algo casual que documentos de este tipo, como el producido por FAES, con alusiones a un bloque antisistema y antioccidental, se elaboren cuando Latinoamérica está en tránsito a una nueva etapa, como lo expresa la VI Cumbre de las Américas que sesionó en Cartagena.

Habrá que seguir con atención el futuro de las Cumbres Iberoamericanas, en el marco de la crisis que sufren Portugal y España. Si todo pasa por denostar al populismo, los seminarios de las fundaciones neoliberales serán siempre un poco más de lo mismo. Nostalgia por lo perdido, temor por lo que se avecina y homenajes a los responsables de nuestros padecimientos.

Varias décadas atrás, Juan Domingo Perón, en su libro *La hora de los pueblos*, había anticipado el camino a recorrer:

"La integración de la América Latina es indispensable: el año 2000 nos encontrará unidos o dominados, pero esa integración ha de ser obra de nuestros países, sin intervenciones extrañas de ninguna clase, para crear, gracias a un mercado ampliado, sin fronteras, las condiciones más favorables para la utilización del progreso técnico y la expansión económica, para evitar divisiones que puedan ser explotadas; para mejorar el nivel de vida de nuestros doscientos millones de habitantes; para dar a Latinoamérica, frente al dinamismo de los 'grandes' y el despertar de los continentes, el puesto que debe corresponderle en los asuntos mundiales, y para crear las bases para los futuros Estados Unidos de Latinoamérica".

El desafío hoy se llama CELAC, Comunidad de Estados Latinoamericanos y Caribeños. El camino está trazado; ahora hay que construirlo andando, como cantan los versos de Antonio Machado.

Reflexiones finales

El cambio operado en América Latina en los últimos años es apabullante. A la era de los golpes de Estado le sucedió la oleada neoliberal, con su secuela de pobreza y endeudamiento, pero tras ella, algunos gobiernos (fiel reflejo de la voluntad de sus pueblos) han comenzado a transitar un camino distinto del previsto por el Consenso de Washington, y no puede decirse que les vaya mal; más bien, todo lo contrario.

Lejos de atemperar su accionar, las fundaciones neoliberales, inspiradas en los centros financieros internacionales y sostenidas en gran parte por fondos siempre provenientes del exterior, mantienen o incrementan su actividad. Hemos hablado apenas de algunas, porque todas responden a un mismo molde, y hablar de una es hablar de todas. No hemos mencionado, por ejemplo, a la Friedrich Naumann Stiftung für die Freiheit, entidad alemana vinculada a una ultraliberal agrupación política, cuyo nombre podría traducirse como Partido Libre Democrático. Sus postulados son conocidos: una sociedad basada en las reglas de la economía libre de mercado, mínima participación del Estado, absoluta sujeción al juego de la oferta y la demanda. Desde Alemania, esta asociación financia fundaciones y asociaciones del tipo de las ya vistas, en África, Asia y América Latina. Otra mención merece la RELIAL (Red Liberal de América Latina), conglomerado de organizaciones y personas que promueven las políticas liberales en la región (ver su sitio: *www.relial.org*). Dirigida por el político costarricense Otto Guevara (n. 1960), presidente del Movimiento Libertario de Costa Rica, la RELIAL está conformada por entidades como CEDICE, la Fundación Friedrich Naumann Stiftung, la Fundación Libertad, Fundación Atlas, FULIDE y otras, las que, como vasos comunicantes, comparten objetivos, intercambian métodos de acción y rotan autoridades.

Sí hemos mencionado entre las grandes a la Atlas Economic Research Foundation, fundada en 1981 por Antony Fisher, quien también ayudó establecer el Fraser Institute, el Manhattan Institute y el Pacific Research Institute (PRI), otros tres centros de estudios neoliberales. La Atlas Foundation realiza tareas de asesoramiento, dirige cursos, talleres, y premia a aquellos que en todo el mundo se distingan por defender el credo neoliberal. Posee una red de más de doscientos cincuenta *think tanks* en setenta países. En las últimas dos décadas ha concedido becas por más de veinte millones de dólares, gracias al aporte (visible) de empresas multinacionales de origen estadounidense, como Exon Mobile o Phillips Morris.

También hemos mencionado a la FAES, fundada en Madrid en noviembre de 2002, y que procedió a unificar cinco fundaciones vinculadas con el Partido Popular español (Fundación Cánovas del Castillo, Popular Iberoamericana, Popular Iberoamericana de Análisis y Estudios Sociales, Popular Iberoamericana de Estudios Europeos y el Instituto de Formación Política).

En Venezuela funciona el CEDICE (*www.cedice.org.ve*), o Centro de Divulgación del Conocimiento Económico para la Libertad. Activa opositora del gobierno de Hugo Chávez, medios vinculados al gobierno han manifestado que el asesoramiento que la orienta y los fondos que la mantienen provienen del Center for International Private Enterprise, CIPE (*www.cipe.org*), de los Estados Unidos, brazo empresarial del Departamento de Estado y sus entes financieros, la National Endowment for Democracy (NED) y la Agencia de los Estados Unidos para el Desarrollo Internacional (USAID). Contribuyen también fundaciones europeas, como las alemanas Konrad Adenaeur Foundation y la Friedrich Naumann Stiftung.

La Fundación Iberoamérica Europa (FIE) es un centro privado de investigación, promoción y cooperación internacional para el mercado libre. Trabaja en Argentina, Bolivia, Brasil, Colombia, Ecuador, Costa Rica, El Salvador, Guatemala, México, Nicaragua, Panamá, Paraguay, Perú, República Dominicana, Uruguay y Venezuela. Su nave insignia es el programa "Libertad y desarrollo", enfocado a fortalecer el sector empresario y combatir la participación activa del Estado en los negocios de los particulares. Precisamente, un encuentro de la FIE en 2003 dio luz verde a la Fundación Internacional para la Libertad (FIL), dirigida desde entonces por Mario Vargas Llosa. Cabe aquí decir que hemos tomado su figura más como un símbolo que por un real peso en las decisiones políticas latinoamericanas o su gravitación en el modo de pensar los destinos de la América Latina actual.

Sólo algo más acotaremos sobre su figura política, que tanto nos hace añorar al prolífico autor de *La casa verde* o *¿Quién mató a Palomino Molero?* En 1995, el escritor peruano nacionalizado español, que años atrás enviara una valiente carta de denuncia a la criminal Junta Militar de Argentina, ahora relativizaba en público la validez de seguir juzgando los crímenes de lesa humanidad y hacía responsable de ellos a toda la sociedad argentina. Quien tomó la voz más atinada para contestarle fue otro escritor, el argentino Juan José Saer (1937-2005), y su respuesta puede ser íntegramente leída en *www.sur.infonews.com*. Sólo citaremos unas palabras de Saer:

"El señor Vargas Llosa, que ha hecho de la agitación una actividad comercial, carece de la envergadura intelectual y de las garantías morales necesarias que podrían convertir a todo adversario en un interlocutor válido. La historia tenebrosa de sus opiniones y de sus actos pueden hacerla, si lo desean, todos aquellos que por complacencia, oportunismo o ignorancia acogen tan a menudo sus panfletos, acordándoles, de ese modo, la legitimidad de un periodismo honesto y objetivo. Sus dislates no justifican la controversia: llenos de lugares comunes, de ideas fijas y de incoherencias histéricas, una vez expuestos en lugar visible, se refutan solos".

Nada agregaremos a esto. En cuanto al recuento que veníamos haciendo de las fundaciones neoliberales, baste acotar que en Colombia está el Instituto de Ciencia Política Hernán Echavarría Olózaga y que hay instituciones similares o filiales de las ya mencionadas en México, Bolivia, Chile, etc. Sería ocioso seguir enumerándolas, pues todas responden al mismo patrón (en el doble sentido de la expresión).

Mientras estas fundaciones y las mencionadas "asociaciones para la libertad" se empecinan en marcar una hora ya pasada de la historia, en lo personal, este autor nunca había tenido que escribir un libro aludiendo a hechos que se sucedían al compás de la redacción. Ello me obligó a demorar la entrega del original, a repasar, releer y, algunas veces, corregir conceptos.

La crisis económica de 2008, que preocupa al escenario mundial, va agregando nuevos elementos a lo que en un primer momento se consideró solamente un temblor ocasional del sistema capitalista.

En un paréntesis de la redacción de estas páginas, viajé a Europa para cumplir con mis tareas en un canal de televisión y en radios argentinas, en las que trabajo como columnista de temas internacionales. Asistí así al triunfo de Mariano Rajoy en España, y a los primeros pasos del gobierno de Mario Monti en Italia.

Regresé a Argentina con la convicción de que Europa no podía ofrecer a nuestros países ningún modelo atractivo para superar los problemas de la región. Los sinsabores y momentos amargos del ajuste y los recortes del Estado de bienestar que soportan griegos, portugueses, españoles e italianos, entre otros, son los mismos dolores por los cuales hemos transitados los latinoamericanos en distintos periodos de nuestra historia.

La embestida contra el socialismo del siglo XXI y el populismo, en el que están empeñadas algunas Fundaciones y que ha sido analizada en las páginas de este libro, suenan más a desesperación que a un aporte novedoso.

Se sucedían los capítulos del libro y seguían las sorpresas. En diciembre de 2011, en una inédita reunión continental en Caracas, comenzó a desandar el camino, sin tutelas, la promisoria Comunidad de Estados de Latinoamérica y el Caribe (CELAC).

Casi sin solución de continuidad, el presidente colombiano Juan Manuel Santos (n. 1951), con olfato de estadista, visualizó, que la VI Cumbre de las Américas, de la cual sería anfitrión en Cartagena de Indias, no desembocaría en una reunión más ni en un mero pasatiempo protocolar para Barack Obama.

Urgen temas puntuales en nuestra América: Cuba, Malvinas, la lucha contra las drogas, el drama de Haití. El mandatario colombiano visualizó un horizonte turbulento, parecido al de Mar del Plata 2005, donde fracasó el ALCA. Y así ocurrió.

Mientras tanto, mi tarea era compleja. Escribir, corregir, volver atrás y tratar de compatibilizar el esquema original del libro con los hechos que se sucedían a medida que avanzaba en mi trabajo.

Ya en los tramos finales del texto, llegó José María Aznar a Argentina con sus recetas liberales, las mismas que aplica un desatinado Rajoy en España.

Contemporáneamente, en Lima, Mario Vargas Llosa, reunía a ex presidentes, académicos y representantes políticos, para batallar contra la ola populista.

Estoy redactando las últimas páginas y Cristina Kirchner anuncia la expropiación de YPF (Yacimientos Petrolíferos Fiscales) en manos de la española Repsol, como fruto de la ola de privatizaciones de la década del 90. Una decisión soberana de Argentina, que se inscribe como parte de la lucha latinoamericana por la defensa de los recursos naturales, que nació al mismo tiempo que la polémica sobre democracia y libertad de mercado.

Fascinado por una América que se obstina en andar caminos opuestos a los de las recetas que ayer la sumieron en la desesperanza, razonablemente apremiado por mi editor, ya no tengo tiempo para más.

Le pongo punto final al original y, seguramente, esta América Latina, antes de que el libro esté en la calle, nos sorprenderá con algo nuevo y trascendente.

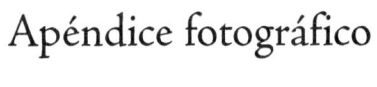

Apéndice fotográfico

De la guerra al crack

| Las trincheras de la Gran Guerra, junto con la Revolución Rusa de 1917 dieron inicio a un nuevo y conflictivo orden económico mundial. | John Maynard Keynes (1883-1946), combatido por los liberales clásicos. Es considerado el fundador de la macroeconomía moderna. |

Desocupación, bancarrotas, miseria. La gran crisis de 1930 puso en tela de juicio la creencia en la bondad intrínseca de un sistema capitalista librado sólo al libre juego de oferta y demanda.

La política del Gran Garrote

Theodore Roosevelt (1858-1919), el "hombre fuerte" republicano que sentó las bases del intervencionismo estadounidense en América Latina.

Caricatura de época. Un bien armado Roosevelt se pasea por el Mar Caribe arrastrando su poderosa flota.

Los indóciles

Augusto César Sandino (1895-1934), el patriota y revolucionario nicaragüense que combatió a las fuerzas de ocupación de Estados Unidos en su país.

Farabundo Martí (1893-1932), líder de los campesinos salvadoreños.

Emiliano Zapata Salazar (1879-1919), figura de la Revolución Mexicana y símbolo de la resistencia campesina en México.

Lisandro de la Torre (1868-1939), el legislador argentino que denunció los vergonzosos acuerdos de su país con Inglaterra.

Paraísos, miserias y escarmientos

La United Fruit Co. tenía entre sus negocios el del turismo. He aquí una publicidad promocionando exóticas playas, mientras, tierra adentro, sometía a los obreros nativos a desventajosas condiciones laborales.

Obreros del salitre en Chile. En 1907, la matanza en la escuela de Santa María de Iquique dejó miles de muertos.

1921. Obreros capturados durante la rebelión en la Patagonia argentina, en la cual el ejército fusiló alrededor de 1 500 trabajadores.

La respuesta "populista"

Jorge Eliecer Gaitán Ayala (1903-1948), auténtico líder popular colombiano cuyo asesinato produjo El Bogotazo.

Lázaro Cárdenas del Río (1895-1970), el presidente mexicano que llevó adelante una reforma agraria y toda una política de defensa del patrimonio nacional.

Juan Domingo Perón (1895-1974), tres veces presidente de Argentina. Con amplio respaldo de los trabajadores, puso valiosos resortes de la actividad económica bajo la tutela del Estado.

INDUSTRIALIZACIÓN Y DESARROLLO

Getulio Dornelles Vargas (1882-1954), cuatro veces
presidente de Brasil (aquí con F. D. Roosevelt). Su decisión
de incentivar la industria nacional (en especial la siderúrgica)
y sacar a su país del rol de productor sólo de materias primas
tuvo capital gravitación histórica.

De anteojos y amplia sonrisa, Arturo Frondizi
(1908-1995), el discutido presidente de Argentina
que adscribió al desarrollismo e hizo gala de algunas
decisiones soberanas en materia diplomática
(aquí junto a J. F. Kennedy).

Un bloque unido

Foto: Presidencia Argentina

IV Cumbre de la Américas, Mar del Plata, Argentina, 2005. Un rotundo fracaso de Estados Unidos y algunos de sus aliados en su objetivo de imponer el ALCA, y una muestra de voluntad soberana subcontinental.

Foto: Agencia Brasil

Aliados. Hugo Chávez, Néstor Kirchner, Lula Da Silva. Una reciente ola de "populismo" latinoamericano que desoyó las recetas liberales y llevó a varios países latinoamericanos a un crecimiento sostenido e inusitado.

PARA LA LIBERTAD

Foto: Presidencia de Chile

Fundación
Iberoamérica
Europa

El acaudalado empresario y presidente de Chile, Sebastián Piñera, condecora a Vargas Llosa en 2010.

Fundación Libertad

Konrad
-Adenauer-
Stiftung

RELIAL
RED LIBERAL DE AMERICA LATINA

faes
fundación para el análisis y los estudios sociales

CATO
INSTITUTE

José María Aznar, ex presidente del Gobierno de España y presidente de FAES, saluda a George W. Bush.

Foto: Gobierno de EE. UU.

Bibliografía

- Bayer, Osvaldo; *Los vengadores de la Patagonia trágica*, Buenos Aires: Planeta, 1992.
- Blaustein, Eduardo, y Martín Zubieta; *Decíamos ayer. La prensa argentina bajo el proceso*, Buenos Aires: Colihue, 1998.
- Borrego, Orlando; *Che. El camino del fuego*, Buenos Aires: Ediciones Hombre Nuevo, 2001.
- AA. VV.; *Breve historia de las agresiones de Estados Unidos*, Praga: Agencia de Prensa Orbis, 1983.
- _____; *Breve historia del Partido Comunista de China*, Pekín: Ediciones en Lenguas Extranjeras, 1994.
- Castro, Fidel; *La crisis económica y social del mundo. Informe a la VII Cumbre de los Países No Alineados*, La Habana: Pueblo y Educación, 1983.
- Escalante Font, Fabián; *La guerra secreta. Operación Calipso*, La Habana: Editorial de Ciencias Sociales, 2005.
- Follari, Roberto; *La alternativa neopopulista. El reto latinoamericano al republicanismo liberal*, Rosario, Argentina: Homo Sapiens Ediciones, 2010.
- Frattini, Eric; *CIA. Joyas de la familia*, Madrid: Ediciones Martínez Roca, 2008.
- Gilbert, Isidoro; *La FEDE. Alistándose para la revolución*, Buenos Aires: Sudamericana, 2009.
- Gonder, Frank André, y otros; *América Latina: dependencia y subdesarrollo*, San José de Costa Rica: Universitaria Centroamericana, 1975.
- Guevara, Ernesto; *Apuntes críticos a la Economía Política*, La Habana: Ocean Sur, 2006.
- Hobsbawm, Eric; *Historia del siglo XX*, Buenos Aires: Paidós Crítica, 2007.
- Karataiev, N., y M. Rindina; *Historia de las doctrinas económicas*, Buenos Aires: Cártago, 1965.
- Lebedinsky, Mauricio; *América Latina en la encrucijada de la década del setenta*, Buenos Aires: Ediciones Centro de Estudios, 1971.
- Lenin, Vladimir I.; *El imperialismo, fase superior del capitalismo*, Buenos Aires: Cártago, 1965.

- Muleiro, Vicente; *1976. El golpe civil*, Buenos Aires: Planeta, 2011.

- Petras, James; *Neoliberalismo en América Latina*, Rosario, Argentina: Homo Sapiens Ediciones, 1997.

- Pokrovski, Vladimir; *Historia de las ideas políticas*, México: Grijalbo, 1966.

- Rouquié, Alain; *Extremo occidente. Introducción a América Latina*, Buenos Aires: Emecé, 1990.

- Sevares, Julio; *Por qué cayó la Argentina*, Buenos Aires: Norma, 2002.

- Stiglitz, Joseph; *El malestar en la globalización*, Buenos Aires: Taurus, 2002.

- Stonor Saunders, Frances; *La CIA y la guerra fría cultural*, Madrid: Debate, 2001.

- Vargas Llosa, Mario, y otros; *Los desafíos a la sociedad abierta a fines del siglo XX*, Rosario, Argentina: Ameghino Editora, 1999.

- Weiner, Tim; *Legado de cenizas. La historia de la CIA*, Buenos Aires: Debate, 2008.

Índice

www.ingramcontent.com/pod-product-compliance
Lightning Source LLC
Chambersburg PA
CBHW070644290526
45790CB00001B/183